U0583860

MICHAL KALECKI

卡莱斯基经济动态理论

〔波〕米哈尔·卡莱斯基 —— 著

杨扬 —— 译

Selected Essays on

the Dynamics of

the Capitalist Economy

(1933—1970)

社会科学文献出版社
SOCIAL SCIENCES ACADEMIC PRESS (CHINA)

译者序

Kalecki saw, with Marx and Keynes, that markets are like summer rains: some flowers grow, but weeds do too. We need a change, they thought. Do you?[1]

在经济思想史中，卡莱斯基（Michal Kalecki）[2] 总是和马克思和凯恩斯联系在一起。前者是因为卡莱斯基的理论框架源自马克思，后者是因为在大萧条时期他们分别提出了自己的有效需求理论，"（对于）一个新问题，两个具有同等原创性的头脑找到了相同的答案"[3]。尽管卡莱斯基在经济思想史中留下了自己的印记，但他的名字和经济思想在国内不太为人所知，相关文献不多，这不能不说是一种缺憾。

在他去世前，卡莱斯基最终修订了两本文集，基本涵盖他经济思想的主要内容，即关于资本主义经济的 Selected Essays on the Dynamics of the Capitalist Economy 和关于社会主义经济及混合经济的 Selected Essays on the Economic Growth of the Socialist and the Mixed Economy。后一本文集 1988 年由上海三联书店翻译出版（《社会主义经济增长理论导论》，符钢战译），前一本文集正是我们将要展现给读者的，我们相信这两本文集结合在一起有助于读者更加完整地了解卡莱斯基的经济思想。在这篇

---

[1] Susan F. Feiner, Bruce B. Roberts, "Marx and Keynes and Kalecki," *Journal of Economic Issues*, 1986, 20 (4).

[2] 卡莱斯基名字的其他翻译有卡莱茨基，《新帕尔格雷夫经济学大辞典》中翻译为卡列茨基。

[3] Joan Robinson, "Michał Kalecki on the Economics of Capitalism," *Oxford Bulletin of Economics and Statistics*, 1977, 39 (1).

序言中，我们首先简要介绍卡莱斯基的生平，以使读者能够对这位波兰经济学家有初步了解，其次概述本译著的主要内容。

一　生平简介

卡莱斯基，波兰犹太裔经济学家，1899 年出生于罗兹（Łódź），1970 年在华沙去世。由于相关资料的缺乏，卡莱斯基的早年岁月是比较模糊的。卡莱斯基幼年家境富裕而青少年时期家庭衰败，他早年曾在华沙大学（Warsaw University）和格但斯克理工大学（Gdańsk Polytechnic）学习数学和工程学，后因家庭经济原因辍学，因而卡莱斯基在经济学上是自学成才的。在辍学后不久，受生活所迫，卡莱斯基开始了经济新闻记者生涯，他这一阶段的文章主要关注特定市场的状况和各种国际原材料卡特尔的进展，正是这些文章使卡莱斯基对经济活动有了系统性理解。1929 年底，卡莱斯基被华沙经济周期和价格研究所（Institute for the Study of Business Cycles and Prices，Warsaw）聘任为卡特尔研究顾问，这是他作为经济学家的第一份工作。半年后，卡莱斯基结婚了，他和夫人阿德拉（Adela Kalecki）相伴终生。

卡莱斯基在华沙经济周期和价格研究所最初的工作内容是统计研究，他从同事那里汲取了很多灵感，特别是兰道（Ludwik Landau）和布赖特（Marek Breit）。与此同时，卡莱斯基以"亨利克·布劳恩"（Henryk Braun）的笔名为《社会主义评论》（Przegląd Socjalistyczny）撰写了很多政论性文章，这一笔名应该是源自波兰经济学家特南鲍姆（Henryk Tennenbaum）。通过为《社会主义评论》撰稿，卡莱斯基与兰格（Oscar Lange）相识，他们后来都成为享誉世界的波兰经济学家。尽管卡莱斯基早期文章的政论味道浓厚，但这些文章都指向了他随后关于资本主义经济周期的理论研究，即 1933 年在华沙出版的小册子 An Essay on the Theory of Business Cycle。

卡莱斯基 1936 年获得洛克菲勒基金会资助，离开波兰前往瑞典和英国从事学术研究工作，先是斯德哥尔摩，接着是伦敦、巴黎等，最后于 1937 年 11 月抵达剑桥。正是在剑桥，卡莱斯基不仅与罗宾逊夫人（Joan Robinson）、卡恩（Richard Kahn）、斯拉法（Piero Sraffa）等人建立了学术联系，进入了凯恩斯的圈子，同时出版了他的 1939 年文集 *Essays in the Theory of Economic Fluctuations*，将他对经济周期理论、不完全竞争学说和货币理论的理解涵盖其中。由于抗议同事兰道和布赖特因政治原因被强制解雇，身在英国的卡莱斯基毅然决然地选择从华沙经济周期和价格研究所辞职，随后在卡恩（最主要人物）、凯恩斯等人的帮助下，在剑桥获得了一份工作，成为一项临时性安排的剑桥研究项目（Cambridge Research Scheme）的唯一全职雇员。

在今天看来，卡莱斯基和剑桥相遇似乎是命运的安排，他后来离开剑桥又似乎是一个必然的结果。卡莱斯基最初到英国时访学于罗宾斯（Lionel Robbins）担任负责人的伦敦政治经济学院经济系，但当卡莱斯基面临找工作问题时帮助他的是剑桥的经济学家。当然，最主要的原因肯定是罗宾逊夫人和卡恩等人对他的学术认可，而这一认可的背后是经济思想的相互理解。"他们（指卡莱斯基和罗宾逊夫人）之间的共鸣以及显而易见的对凯恩斯观点的共同关注使他们一次又一次地回到彼此身边"[1]。尽管和剑桥相遇，但由于方法论之间的差异，卡莱斯基的剑桥研究项目遭到了凯恩斯、卡恩、鲍利（Arthur Bowley）、斯通（Richard Stone）等人的批评，卡莱斯基对批评的回应集中在统计处理而不是论证方法上，这只会让双方之间的隔阂加深，最终导致他离开剑桥。平心而论，就方法论而言，卡莱斯基和剑桥是"相互不理解的"，但卡莱斯基离开剑桥更多是个人的选择，就像他在给卡恩的信中所写到的，"我得出了明确结论，即我不应该再在剑桥待上一年……我不能冒这两年被认为是浪费的风险……完全的……我只是认为在研究结果不令人满意的

---

[1] Jan Toporowski, *Michał Kalecki: An Intellectual Biography*, Volume 1 *Rendezvous in Cambridge* 1899—1939 (Basingstoke: Palgrave, 2013), p. 87.

情况下，我们必须得出结论"[1]。

1939 年底，卡莱斯基离开剑桥前往牛津，他的下一站是牛津统计研究所（Oxford Institute of Statistics）。牛津时期是卡莱斯基经济理论的成熟期，他对自己的理论进行了丰富和完善，包括技术进步、利润、货币、微观企业定价、充分就业政治经济学以及关于开放经济的思考，其中一部分内容构成了他的 1943 年文集 *Studies in Economic Dynamics*。卡莱斯基牛津时期的另一个重要贡献是他对战时英国紧要问题的思考，包括配给、如何为战争融资以及如何实现充分就业等，关于这些主题的文章都很简短，发表在牛津统计研究所的刊物 *Bulletin of the Oxford Institute of Statistics* 上。尽管这些小文章展现了卡莱斯基的独特视角，但没有得到较大关注，仅在学界引起一些争议。

随着战争趋向结束，卡莱斯基的牛津生涯接近尾声，其中可能有些误会。1945 年 3 月，卡莱斯基离开牛津前往加拿大蒙特利尔加入国际劳工局，随后于 1946 年开始了他在联合国秘书处的任职。卡莱斯基在联合国秘书处的工作包括编写数据和分析各国在重建过程中发生的变化，商定经济政策方向。这一时期卡莱斯基的研究包括三个部分：首先是牛津的延续，关注充分就业政治经济学以及在全球范围内充分就业是否可能的问题，卡莱斯基认为贸易失衡会使全球的充分就业变得更加不稳定；其次，由于在联合国秘书处卡莱斯基需要面对所有的国家，而不只是工业化国家，很自然他的研究会走向发展经济学；最后是卡莱斯基的 1954 年文集 *Theory of Economics Dynamics*，这本文集不仅是对 1939 年文集和 1943 年文集的修订，而且涵盖的内容更加全面，同时更多地使用了数学和统计的表述方式。尽管新文集给了他一些安慰，但卡莱斯基在联合国秘书处待得并不开心，波兰人背景、冷战下的意识形态氛围和直言不讳的个性都让他碰壁，他又一次选择了辞职。

卡莱斯基于 1955 年返回祖国波兰，他的晚年生涯大致分为两个阶

---

[1] Jan Toporowski, *Michał Kalecki: An Intellectual Biography*, Volume 1 *Rendezvous in Cambridge* 1899—1939（Basingstoke: Palgrave, 2013）, p. 133.

段。随着斯大林去世，此前教条的苏联社会主义经济理论学说成为指责和批评的目标，此时作为波兰政府经济顾问的卡莱斯基提出了自己的社会主义经济增长理论，这是他晚年生涯的第一阶段。尽管声名显赫，但卡莱斯基显然不会圆滑地处理他与当权者之间的关系，他一生从未加入任何政党，另一个重要因素是他的犹太人身份，这是波兰历史中一个非常敏感的话题。这些因素交织在一起，结果是他的经济思想逐渐不被当权者所认同。

此后，卡莱斯基回到了波兰中央计划统计学院（Main School of Planning and Statistics），专注于研究和教学，这是他晚年生涯的第二阶段。一方面，卡莱斯基继续完善自己的理论，比如将趋势纳入他的经济周期框架，与哈罗德（Roy Harrod）关于增长理论的争论等。另一方面，卡莱斯基回顾了他经济思想的渊源，总结了自己对马克思主义经济学以及对政治经济学的理解。1968 年，由于波兰当时的政治环境，卡莱斯基和他的追随者成为一场反犹太人和反知识分子运动的目标，结果是卡莱斯基以辞职和提前退休的方式抗议解雇他的同事和合作者。在生命的最后几个月，卡莱斯基病得很重，于 1970 年 4 月 18 日去世。

二　简要梗概

卡莱斯基的著作有几个特点：首先，由于是工科出身，卡莱斯基的文笔是非常简练清晰的；其次，卡莱斯基很少在著作中引用他人的研究，即便引用也仅是简略提及；再次，卡莱斯基有他自己的文章发表和著作出版周期，他是先在学术期刊上发表文章，然后将文章组合成文集，从而表明这些文章是系统性分析的一部分，卡莱斯基所有的文集都是如此；最后，卡莱斯基一直在修订和丰富他此前的文集，因而不同时期的文集之间尽管有所重叠但是接续和演进的。

卡莱斯基的 *Selected Essays on the Dynamics of the Capitalist Economy*，也是他最后一本文集，我们译为《卡莱斯基经济动态理论》，包括三个

部分，15 篇文章，以及一个统计附录。第一部分包括 4 篇文章，前三篇为卡莱斯基华沙时期的研究，涵盖他 1933 年文集的主要内容，呈现了他经济周期理论的核心思想以及对大萧条的独特理解，重点是投资决定的经济周期机制以及隐含在其中的有效需求理论。第四篇文章《商品税、所得税和资本税的理论》（A Theory of Commodity，Income and Capital Taxation），看似与前三篇文章联系不大，但实际上这篇文章是卡莱斯基 1933 年文集的思想在税收领域的应用，也是后来卡莱斯基关于如何实现充分就业政策建议的理论基础。

第二部分包括 7 篇文章，基本上都来自卡莱斯基的 1954 年文集。从微观基础即成本与价格之间关系开始（第五篇），到宏观层面收入分配的决定（第六篇），再到有效需求理论（第七篇和第八篇），卡莱斯基阐述了国民总产出、利润和投资之间的关系，并将问题的焦点明确指向了投资决定因素。随后是卡莱斯基关于投资决定因素的思考，包括风险递增（increasing risk）（第九篇）和宏观投资模型的构建（第十篇）。最后，卡莱斯基将上述内容综合在一起，完整地阐述了他的经济周期理论（第十一篇）。

第三部分包括 4 篇文章，主题各不相同。按照卡莱斯基构建文集的思路，同时后三篇文章都是他晚年的研究成果，第三部分应视为他对几个重要问题的补充。第十二篇，卡莱斯基 1943 年的《充分就业的政治方面》，重点探讨政治因素对充分就业能否实现的影响，由此引出了一个后来学界熟知的概念——"政治经济周期"（political business cycle）。第十三篇《杜冈－巴拉诺夫斯基和卢森堡的有效需求问题》中，卡莱斯基回顾了他经济思想的马克思主义渊源，这是他有效需求理论的出发点。第十四篇《阶级斗争与国民收入分配》，尽管在理论层面有些老生常谈，但卡莱斯基的重点是阶级斗争的影响，而且文章更加简洁明了。第十五篇《趋势和经济周期》，是卡莱斯基经济周期理论的最终版本，重点是将增长和周期一并探讨。

为了使读者能够更好地理解这本文集，我们另外收录了卡莱斯基的的新版本。

第三部分包括：1943 年最初发表在 *Political Quarterly* 上的《充分就业的政治方面》（Political Aspects of Full Employment）；1967 年用波兰语发表在 *Ekonomista* 上的《杜冈－巴拉诺夫斯基和卢森堡的有效需求问题》（The Problem of Effective Demand with Tugan-Baranovski and Rosa Luxemburg）；1971 年发表在 *Kyklos* 上的《阶级斗争与国民收入分配》（The Class Struggle and the Distribution of National Income）；1968 年发表在 *Economic Journal* 上的《趋势和经济周期》（Trend and the Business Cycle）。

有必要指出的是，在早期文章中已经明确阐述的有效需求理论，在所有的相关著作中没有改变，恰如我关于国民收入分配的观点。但我一直在探索投资决策理论的新解决方法，即使最后一篇文章也代表了一种新方法，无论是好还是坏。

这本文集所收录的文章在某些部分有所删减，或者稍做调整（主要是文体上），但没有实质性补充。

前 言

　　这本文集涵盖我关于资本主义经济动态理论的主要研究，所包含的文章发表于 1933～1970 年的 37 年间。每一篇文章都列出了发表年份，如果有不同的早期版本，早期发表年份也会列出。文集分为三个部分。

　　第一部分包括 1933 年、1934 年和 1935 年在凯恩斯《通论》出版之前用波兰语发表的三篇文章，我相信这三篇文章包含凯恩斯《通论》的核心要义。这三篇文章最初的英文译本 *Studies in the Theory of Business Cycles*（1933—1939）于 1967 年由牛津布莱克威尔（Basil Blackwell, Oxford）出版。此外，第一部分还包括 1937 年发表在 *Economic Journal* 上的关于商品税、所得税和资本税的简短文章。

　　第二部分由节选自我 1954 年文集 *Theory of Economic Dynamics* 的部分章节组成，但每一篇文章都是此前文章或文集章节的最终修订版本。《成本和价格》（Costs and Prices）、《投资决定因素》（Determinants of Investment）和《经济周期》（The Business Cycle）首次出现在 1943 年文集 *Studies in Economic Dynamics*。《国民收入分配》（Distribution of National Income）的基本思想出现在 1938 年发表在 *Econometrica* 上的文章中（以一种未完成的形式）。《利润决定因素》（The Determinants of Profits）的早期版本 1942 年发表在 *Economic Journal* 上，《国民收入和消费的决定因素》（Determination of Income and Consumption）的最初版本在 1939 年文集 *Essays in the Theory of Economic Fluctuations* 中可以找到。《企业家资本和投资》（Entrepreneurial Capital and Investment）是 1937 年发表在 *Economica* 上《风险递增原理》（Principle of Increasing Risk）

1

著作，但更准确地说是对二战之后经济政策中"凯恩斯革命"的再审视，体现了卡莱斯基对当代世界经济政治的独特理解。

诚然，由于卡莱斯基的文集都是组合而成的，而且阐述十分简练，某种程度上各篇文章之间的内在联系显得模糊，有兴趣的读者可以进一步参阅奥夏滕斯基（Jerzy Osiatyński）编撰的七卷本卡莱斯基文集，它基本涵盖卡莱斯基的全部著作和出版物。同时，奥夏滕斯基还撰写了大量的参考附注，提供了卡莱斯基文章的相关资料以及引发的争论等。此外，Georg R. Feiwel 的 *The Intellectual Capital of Michał Kalecki：A Study in Economic Theory and Policy*（1975 年出版）和 Jan Toporowski 的两卷本卡莱斯基传记（两卷分别于 2013 年和 2018 年出版），完整地展现了这位不太为人所知的波兰经济学家的一生。

在今天看来，卡莱斯基是一个"孤立"的经济学家，"孤立"一方面使卡莱斯基的经济思想有其独特价值，另一方面也使卡莱斯基的经济思想不容易被现代经济学所接受。就研究者而言，应秉持如下态度来看待卡莱斯基，即"既能追溯旧思想的脉络，又能识别创新之处"，这是我们翻译卡莱斯基这本经典文集的初衷所在。卡莱斯基的经济理论中有很多特定的假设，这些特定假设使得理论模型构建得以简化，但同时也使得结论显得极端一些。尽管如此，仍需要认识到卡莱斯基的独特之处，他的分析框架更接近古典经济学，完全不同于现代主流的新古典理论。卡莱斯基影响了很多经济学家，最典型的就是罗宾逊夫人，他的经济学贡献不应被遗忘。

最后，感谢中共辽宁省委党校的科研项目支持。感谢我的导师李平先生，他潜移默化地将我引入了经济思想史的研究领域。特别感谢我的家人，感谢他们以无限的耐心忍受了一位已故经济学家闯入我们的家庭生活。翻译是一件苦差事，难免出现错漏，恳请读者谅解。

其他 8 篇文章，作为补充文献，简要说明如下。其一是卡莱斯基 1936 年的《凯恩斯理论的评述》（Some Remarks on Keynes's Theory）①。在这篇评述文章中，卡莱斯基不仅批评了凯恩斯的投资理论，也阐述了他自己的投资问题解决方法，有助于读者更好地理解本文集的第九篇和第十篇。其二是卡莱斯基 1944 年的《实现充分就业的三种路径》（Three Ways to Full Employment）和 1945 年的《刺激私人投资维持充分就业?》（Full Employment by Stimulating Private Investment?）。在这两篇文章中，卡莱斯基完整地阐述了他关于如何实现充分就业的政策思考，有助于读者更好地理解本文集的第四篇和第十二篇。其三是卡莱斯基关于马克思主义经济学以及政治经济学的思考，包括 3 篇文章：卡莱斯基 1968 年的《马克思再生产方程与现代经济学》（The Marxian Equations of Reproduction and Modern Economics）——实际上是本文集第十三篇的姐妹篇，1965 年的《经济计量模型和历史唯物主义》（Econometric Model and Historical Materialism）——在这篇文章中卡莱斯基含蓄地表达了他对经济理论模型构建的反思，以及 1964 年的《为什么经济学不是一门精确科学?》（Why Economics is Not an Exact Science?）。其四是卡莱斯基 1970 年的《不同社会制度的增长理论》（Theories of Growth in Different Social Systems）。在这篇文章中，卡莱斯基不仅仅批评了现代主流增长理论，更重要的是阐明了为什么探讨趋势需要采用经济周期理论的方法，这是理解本文集第十五篇的基础。其五是 1971 年卡莱斯基与科瓦里克（Tadeusz Kowalik）合作撰写的《"关键改革"审视》（Observations on the "Crucial Reform"）。尽管文章探讨的是 20 世纪初马克思主义政治经济学中改良主义者的文献，如伯恩斯坦（Eduard Bernstein）和他的批评者希法亭（Rudolf Hilferding）、卢森堡（Rosa Luxemburg）的

①　由于是用波兰语发表的，这篇评述文章在当时没有产生影响，直到 1982 年被翻译成英语才被学界知晓。哈考特（Geoff Harcourt）对这篇文章的翻译厥功至伟，他邀请两位译者翻译这篇文章并撰写评论，最后发表在 *Australian Economic Papers*（哈考特是期刊编审之一）。在哈考特看来，卡莱斯基 1936 年的这篇评述文章"提供了卡莱斯基独立发现有效需求理论的更加毫无疑问的证据"。

目　录

第一部分 ……………………………………………………………… 1

　第一篇　经济周期理论概述 …………………………………………… 3

　第二篇　关于对外贸易和"国内出口" ……………………………… 14

　第三篇　经济复苏机制 ………………………………………………… 23

　第四篇　商品税、所得税和资本税的理论 ………………………… 29

第二部分 ……………………………………………………………… 35

　第五篇　成本和价格 …………………………………………………… 37

　第六篇　国民收入分配 ………………………………………………… 53

　第七篇　利润决定因素 ………………………………………………… 66

　第八篇　国民收入和消费的决定因素 ……………………………… 78

　第九篇　企业家资本和投资 ………………………………………… 88

　第十篇　投资决定因素 ………………………………………………… 92

　第十一篇　经济周期 …………………………………………………… 103

第三部分 ……………………………………………………………… 115

　第十二篇　充分就业的政治方面 …………………………………… 117

　第十三篇　杜冈－巴拉诺夫斯基和卢森堡的有效需求问题 …… 123

　第十四篇　阶级斗争和国民收入分配 ……………………………… 131

　第十五篇　趋势和经济周期 ………………………………………… 139

统计附录 ……………………………………………………………… 155

补充文献 ·· **165**

凯恩斯理论的评述 ··· 167

实现充分就业的三种路径 ··································· 176

刺激私人投资维持充分就业? ···························· 194

马克思再生产方程与现代经济学 ······················· 202

经济计量模型和历史唯物主义 ··························· 210

为什么经济学不是一门精确科学? ··················· 217

不同社会制度的增长理论 ··································· 221

"关键改革"审视 ··· 227

第一部分

第一篇 经济周期理论概述

（1933 年）

一 假设

我们考虑一个无趋势的封闭经济体系，也就是在每个周期之后回到初始状态的经济体系。此外，假设如下。

（一） 总的实际利润

总的实际利润 P，也就是资本家的总实际收入（包括单位时间折旧），等于他们的消费和储蓄：[①]

$$P = C + A \qquad (1-1)$$

C 表示资本家消费的所有商品；因为我们简化了工人储蓄和他们的"资本家"收入，A 包括用于固定资本再生产和扩张以及存货增加的所有商品。下文中，A 将被称为总积累。

资本家的个体消费是相对缺乏弹性的。假设资本家消费 C 由固定部分 B_0 和与总的实际利润成比例的部分组成，比例 λ 是一个小常数：

---

① 国民收入一方面等于利润和工资之和，另一方面是以下几项之和：固定资本的再生产和扩张以及存货增加即 A、资本家消费、工人消费。因为工人消费等于工资，利润等于 $C + A$。

$$C = B_0 + \lambda P \qquad\qquad (1-2)$$

由方程（1-1）和方程（1-2）可以得到：

$$P = B_0 + \lambda P + A$$

$$P = \frac{B_0 + A}{1 - \lambda} \qquad\qquad (1-3)$$

也就是说，总的实际利润 P 与 $B_0 + A$ 成比例，B_0 是资本家消费的固定部分，A 是总积累。

如前文所述，总积累 A 等于投资品产出和存货增加之和[①]。为简便起见，我们假设总的存货在整个经济周期中保持不变。

由上述假设可知，总的实际利润 P 与 $B_0 + A$ 成比例，其中 B_0 是资本家消费的固定部分，A 是等于投资品产出的总积累。

（二）投资

我们假设建设周期 ϑ 对于任何投资项目都是相同的。当然，事实并非如此，ϑ 应被视为平均建设周期。假设所有类型投资项目的建设周期都相同，这是我们模型中所引入的简化之一。

投资活动应区分为三个阶段：（1）投资决策（investment orders），也就是为资本设备再生产和扩张而做出的各类投资品决策，其单位时间的数量用 I 表示；（2）投资品产出，如前文所述，投资品产出 A 等于总积累；（3）制成品交付，单位时间交付的制成品资本设备数量，用 D 表示[②]。

I 和 D 之间的关系很简单：t 时刻的交付量 D 等于 $t - \vartheta$ 时刻做出的投资决策 I；因而 D 曲线是 I 曲线按时滞 ϑ 平移（见图 1-1）。

---

① 我们没有将在建资本计入存货，这一资本数量的变化包含在"投资品产出"中。但"投资品产出"这一项不包含其他投资品存货（如钢材、水泥的存货）的变化。这类存货变化必然包含在"存货增加"中。

② A 和 D 的区别在于，A 是一般而言的投资品产出，D 是制成品的投资品产出。由此可知，$A - D$ 等于单位时间在建资本的增量。

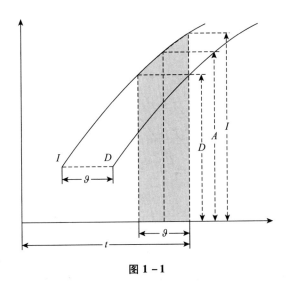

图 1 - 1

投资品产出 A 和投资决策 I 之间的关系有些复杂。图 1 - 1 中，阴影区域等于在 t 时刻结束的 ϑ 时期内做出的投资决策的价值，因而等于 t 时刻的投资决策组合，用 W 表示。实际上，由于完成每个投资决策都需要时间 ϑ，阴影区域内的所有投资决策还没有完成，而此前投资决策的所有资本设备已经安装好。进一步，投资品产出等于投资决策组合 W 除以建设周期：

$$A = \frac{W}{\vartheta} \qquad\qquad (1-4)$$

实际上，如果每个投资决策都在 ϑ 时期内完成，那么单位时间必须完成的数量就为 $\frac{I}{\vartheta}$；与投资决策组合 W 相对应的投资品产出就为 $\frac{W}{\vartheta}$。

由此可知，A 等于阴影区域除以 ϑ。如果阴影区域的上边是直线的，那么 t 时刻的投资品产出 A 等于梯形阴影区域上底和下底的平均数，即 $t - 0.5\vartheta$ 时刻的投资决策。如果阴影区域的上边是曲线的，上述情况就只能是大致正确的。t 时刻的投资品产出近似等于 $t - 0.5\vartheta$ 时刻的投资决策。因此，A 曲线近似相当于 I 曲线按时滞 0.5ϑ 平移（见图 1 - 2）。

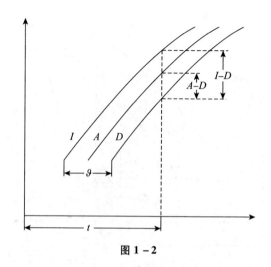

图 1 - 2

需要指出的是，$I-D$ 等于单位时间投资决策组合的增量，而 $A-D$ 等于单位时间在建资本的增量（前文在脚注中已经指出这一点）。

（三）资本设备数量的变化

某一时刻资本设备的数量用 K 表示。给定时期内 K 的变化等于新设备交付量和生产性资产废弃量的差值。单位时间资本设备数量 K 的变化表示为 $\frac{\Delta K}{\Delta t}$，单位时间的新设备交付量为 D，由于特定的生产性资产不再使用而产生的单位时间重置需求用 U 表示，关系如下：

$$\frac{\Delta K}{\Delta t} = D - U \qquad\qquad (1-5)$$

我们假设重置需求在经济周期过程中水平保持不变。事实上，资本设备的数量 K 表现出小的波动，在经济周期的第 I 部分当 K 高于平均值 K_0 时（见图 1-3），重置需求也高于平均值。尽管如此，需要说明的是，在周期的第 I 部分，资本设备的增加由低"死亡率"的"年轻"资产构成，众所周知这些资产的"寿命"远超过一个周期的跨度（15~30 年相比 8~12 年）。因此，重置需求的波动可以忽略不计。

6

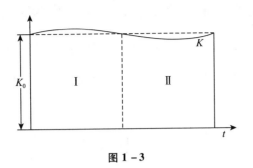

图 1－3

重置需求 U 的恒定水平等于一个周期内新设备交付量 D 的平均值 D_0，因为我们假设系统是无趋势的，资本设备的数量在周期结束时回到其初始规模。此外，出于相同的原因，一个周期内平均的投资决策 I_0、投资品产出 A_0 以及新设备交付量 D_0 都相等，即：

$$U = I_0 = A_0 = D_0 \tag{1-6}$$

（四）投资决策是毛利润率和利率的函数

某一时刻投资决策的数量 I（原文为 D——译者注）取决于预期净利润率。因此，如果一个企业家考虑在资本设备建设中投资 k（小写字母代表个体决策水平），那么他首先要估计预期毛利润 p。由此我们必须从预期毛利润 p 中扣除折旧 βk（β 是折旧率），固定资本 k 的利息 ik（i 是利率），未来流动资本的利息 $i\gamma k$（未来流动资本与固定资本之比用 γ 表示）。因此，固定资本投资 k 的预期利润率为：

$$\frac{p - \beta k - ik - i\gamma k}{k} = \frac{p}{k} - \beta - i(1 + \gamma)$$

系数 β 和 γ 在经济周期中可以视为保持不变，i 是某一时刻的利率。预期毛利润率可以通过现有工厂的实际毛利润率估计得到。用 K 表示某一时刻的资本设备数量，总的毛利润为 P，那么现有工厂的毛利润率为 $\frac{P}{K}$。我们可以得出如下结论，即在 $\frac{P}{K}$ 的基础上估计 $\frac{p}{k}$，因而某一时刻的投资决策取决于毛利润率 $\frac{P}{K}$ 和利率 i。

需要补充的是，并不是投资决策 I，而是 I 与资本设备数量 K 的比率即 $\frac{I}{K}$ 应被视为 $\frac{P}{K}$ 和 i 的函数；实际上，如果 P 和 K 同比例增加，$\frac{P}{K}$ 就会保持不变，而 I 可能与 P 和 K 同比例增加。因此，我们最终得到如下关系：

$$\frac{I}{K} = f\left(\frac{P}{K}, i\right) \qquad (1-7)$$

其中 f 是 $\frac{P}{K}$ 的增函数，是 i 的减函数。

众所周知，在经济周期过程中，利率在繁荣期上升，在衰退期下降。当构建理论时，我们将设法解释这一联系。现在我们先验地接受它，并在此基础上做出如下简化假设。利率 i 是毛利润率 $\frac{P}{K}$ 的增函数。

基于上述假设，方程（1-7）中 $\frac{I}{K}$ 就为 $\frac{P}{K}$ 的函数：

$$\frac{I}{K} = F\left(\frac{P}{K}\right) \qquad (1-8)$$

我们接着假设利率 i 相对毛利润率 $\frac{P}{K}$ 增长足够缓慢，从而 F 是增函数。

如前文所述，毛利润 P 与 $B_0 + A$ 成比例，B_0 是资本家消费的固定部分，总积累 A 等于投资品产出，故 $\frac{P}{K}$ 和 $\frac{B_0 + A}{K}$ 成比例，由此方程（1-8）可做如下变换：

$$\frac{I}{K} = \varphi\left(\frac{B_0 + A}{K}\right) \qquad (1-9)$$

其中 φ 是增函数。

此外，我们假设 φ 是一个线性函数：

$$\frac{I}{K} = m\frac{B_0 + A}{K} - n \qquad (1-10)$$

系数 m 一定是正的，因为 φ 是增函数。方程（1 – 10）可以变换如下：

$$I = m(B_0 + A) - nK \qquad\qquad (1 - 10\text{a})$$

我们在此说明 n 也一定是正的。由（1 – 10a）可以得到：

$$n = \frac{m(B_0 + A) - I}{K}$$

代表资本设备再生产和扩张的投资决策 I 总是正值，但它可能接近于零。试想一下，I 下降到正值 mB_0 之下的情况。如果 I 小于 mB_0，那么 $\dfrac{m(B_0 + A) - I}{K}$ 大于 $\dfrac{mA}{K}$，也就是说 $\dfrac{mA}{K}$ 比 n 小。因为系数 m、投资品产出 A、资本设备数量 K 都是正值，所以 n 一定是正值。

根据方程（1 – 10a），由于系数 m 和 n 都是正值，投资决策 I 是总积累 A 的增函数，是资本设备数量 K 的减函数。

二 经济周期机制

（一）上一节的主要结论

（1）投资决策和新设备交付之间的时滞为 ϑ，D 曲线是 I 曲线按时滞 ϑ 平移。投资品产出 A 曲线近似相当于 I 曲线按时滞 0.5ϑ 平移。

（2）投资品产出 A 等于总积累（因为假定存货保持不变）。

（3）新固定资产 D 的交付导致资本设备增加 $D - U$，U 是重置需求。U 在经济周期中水平保持不变，其价值等于整个周期中交付量 D 的平均值 D_0。D_0 还等于投资决策的平均值 I_0，等于投资品产出的平均值 A_0。

（4）投资决策 I 是总积累 A 的增函数，是资本设备数量 K 的减函数：$I = m(B_0 + A) - nK$，系数 m 和 n 都是正值，B_0 是资本家消费的固定部分。

（二）经济周期机制

投资决策增加带动投资品产出增加，后者等于总积累。这反过来导致投资活动进一步增加，正如方程（1－10a）所表明的。但当投资决策超过重置需求时，资本设备数量在时期 ϑ 之后才开始增加。在初期资本设备数量的增加限制了投资活动增加的速度，并在随后的阶段导致投资决策水平下降。

特别是投资活动不可能稳定在超过重置需求的水平。实际上，如果投资决策保持不变，投资品产出（即总积累）也将保持不变，而资本设备数量增加，因为投资大于重置需求。但此时正如方程 $I = m(B_0 + A) - nK$ 所表明的，投资决策水平将开始下降，投资活动的稳定性将被扰乱。

在萧条期，上述过程是相反的。投资决策不足以满足重置需求；这导致资本设备数量下降，最终导致投资决策重新开始增加。投资活动不可能稳定在低于重置需求的水平，恰如投资活动也不可能稳定在超过重置需求的水平。

（三）具体阐述

图 1－4 所示为偏离平均值的情况：投资决策 I、投资品产出即总积累 A、新设备交付量 D 的偏差为 $I - I_0$、$A - A_0$、$D - D_0$。这里 I_0、A_0 和 D_0 都相等，它们都等于重置需求 U。

本节开头的结论（1）表明 A 曲线近似是 I 曲线按时滞 0.5ϑ 平移，D 曲线是 I 曲线按时滞 ϑ 平移。

D 曲线的纵坐标为 $D - D_0$，如结论（3）所表明的，$D - D_0$ 等于单位时间内资本设备数量 K 的变化。在此基础上可以画出 K 曲线。K 曲线将在 D 曲线的纵坐标为正时上升，在 D 曲线的纵坐标为负时下降（横轴对应 K 的平均值，用 K_0 表示，即 K 曲线表示的是 $K - K_0$）。

在复苏期，也就是投资决策超过重置需求的 ϑ 时期内，资本设备数量没有增加，因为新设备的交付量依然低于重置需求。投资品产出即总

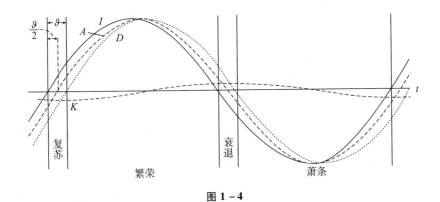

图 1 - 4

积累 A 增加，但资本设备数量 K 仍在变小，结果是投资决策 I 迅速增加。

在繁荣期，新设备的交付量已超过重置需求，资本设备数量 K 开始增加。K 的增加最初限制了投资决策的增加，随后导致投资决策减少。在繁荣期的第二阶段，随之而来的是投资品产出下降。

在衰退期，投资决策水平低于重置需求。尽管如此，资本设备数量仍在增加，因为新设备的交付量高于重置需求水平。投资品产出即总积累 A 继续下降，并和 K 的增加一起导致投资决策水平快速下降。

在萧条期，新设备的交付量低于重置需求，结果是资本设备数量 K 减少。K 的减少最初减缓了投资决策水平下降，随后导致投资决策增加。在萧条期的第二阶段，随之而来的是投资品产出增加。

（四）投资决策、总积累和资本设备数量的关联变化

由经济周期机制产生的总积累波动必然会反映在总产出的波动中。一方面，总的实际利润 P 是总积累 A 的增函数（P 和 $B_0 + A$ 成比例，B_0 是资本家消费的固定部分）；另一方面，总的实际利润 P 也可以表示为总产出数量和单位产出利润的乘积①。

总积累即投资品产出的变化与总产出的变化之间关系如下。当投资

---

① 我们假设总产出和单位产出利润同时上升或下降，事实也确实如此。至少在某种程度上这是因为部分工资是间接费用。

品产出增加时，总产出直接增加，此外新进入投资品行业的工人消费需求也有所增加。随后消费品行业的就业增加导致消费品需求的进一步增加。总产出和单位产出利润最终将上升到使实际利润增量等于投资品产出增量的水平。

这一过程的阐述并不完整，因为资本家消费的变化没有被考虑在内。资本家消费 C 在某种程度上取决于总的实际利润 P，将随总积累的增加而增加，因为从方程（1－2）和方程（1－3）可以得到 $C = \dfrac{B_0 + \lambda A}{1 - \lambda}$。资本家消费的增加和投资品产出的增加有相同的影响：资本家消费品产出扩张导致就业增加，从而提高对工人消费品的需求，这导致产出进一步增加。总产出和单位产出利润最终将上升到使实际利润增量与投资品产出和资本家消费的增量相等的水平。

（五）可能引发的一些疑问

资本家消费反过来会增加他们所获利润的结论与普遍观点相矛盾，人们普遍认为消费越多、储蓄就越少。对于单一资本家而言，普遍观点是正确的，但对于作为一个整体的资本家阶级而言，普遍观点并不适用。如果一些资本家花钱，不管是投资还是消费，他们的钱都会以利润的形式转移给其他资本家。一些资本家的投资或消费创造了其他资本家的利润。作为一个阶级，资本家所获得的与他们投资或消费的一样多，在一个封闭系统内如果资本家停止建设和消费，他们根本赚不到钱。

因此，作为一个整体，资本家通过他们的投资和个人消费决定了自己的利润。在某种程度上，他们是"自己命运的主人"；但他们如何"掌控"自己的命运是由客观因素决定的，从而利润的波动似乎终究是不可避免的。资本家消费是总积累的函数。总积累即投资品产出是由投资决策决定的，过去一段时期内的投资决策是基于当时的利润率做出的，也就是基于当时的总积累和资本设备数量。

即使资本家找到"方法"增加他们的投资品产出或个人消费，问题可能依然会出现。如果不考虑货币市场的"技术"因素，我们可以说作为一个整体的资本家不需要货币来达成上述目的，因为如前所述一些资本家的支出转化为其他资本家的利润；固定资产建设支出绝不像人们认为的那样是"冻结的"，而是随着投入的资本被逐渐冲销而"释放"，在建设过程中它已经以利润的形式返回给那些与其（投资品或消费品）销售直接或间接相关的企业。在某一特定时期内，如果更多的钱被支出，如来自银行存款，那么更多的钱会以已实现利润的形式回流到银行，从而存款总额保持不变。尽管如此，事实上由于货币市场的"技术"因素，信贷膨胀是不可避免的。这与前文讨论过的事实有关，即投资品产出或资本家消费的增加（也就是实际利润的增加）必然反映为总产出的增加。这一总产出增加（以及相伴随的价格普遍上升）引发了对流通中货币（现金和活期存款）的更大需求，这一更大需求导致了信贷膨胀。

流通中的货币需求在复苏期增加，在衰退期减少。利率的上升和下降也随之发生。这是我们假设利率 i 是毛利润率 $\dfrac{P}{K}$（仅是粗略近似）的增函数的基础。这一假设使我们能够将方程 $\dfrac{I}{K} = f\left(\dfrac{P}{K},\ i\right)$ 变换为方程 $\dfrac{I}{K} = F\left(\dfrac{P}{K}\right)$。

此外，我们假设利率 i 相对毛利润率 $\dfrac{P}{K}$ 上涨足够缓慢，从而毛利润率上升对投资的刺激效应超过利率上涨的抑制效应。如果利率上涨足够迅速，毛利润率上升的影响就会被全部抵消，复苏被证明是不可能的。因此，经济周期现象和银行系统对流通中货币需求增加的反应之间有着紧密联系，因为货币需求增加会导致利率上升，这会阻碍投资增加。

第二篇　关于对外贸易和"国内出口"

（1934 年）

一

获取新的外国市场通常被认为是摆脱萧条的方法。但通常没有人会补充说，重要的是增加贸易盈余而不是绝对出口。

事实上，总利润等于资本家消费加上投资再加上对外贸易差额①。某一年度的利润要么被消费，要么投资于资本设备建设和存货增加，要么最终被用于偿还外债或者发放外国信贷②。在"正常的"复苏过程中，利润增加源于其组成部分"投资"的增加。假设每年建设 8 个工厂而不是 5 个。如果利润的其他组成部分保持不变，资本家的实际收入就会增加这三个"额外"工厂的价值③。因此，投资活动扩张必然导致总产出和单位产出利润的增加，从而使总利润的增加成为现实。随后，现有工厂更高的利润率促使投资活动进一步增加，这会增强复苏。

通过对外贸易来刺激经济复苏，利润中贸易盈余的部分必须增加，也就是必须实现新的出口超过进口的盈余。

与投资活动的繁荣一样，出口超过进口的盈余导致总产出和单位产

---

① 这里不考虑工人储蓄。

② 除了外国债权增加或外债偿还之外，黄金流入也相当于出口超过进口的盈余。尽管如此，黄金流入可以同外汇流入一样处理，即视为外国债权的增加。

③ 我们假设（事实上也是如此）增加的投资是通过购买力创造的方式实现的，而不是以牺牲资本家消费为代价的。

出利润的普遍增加，总利润增加的数额等于贸易差额的增量。由此导致的现有工厂更高利润率刺激了投资活动，源于新对外贸易盈余的复苏导致了"正常的"繁荣。

但如果出口增加，与此同时进口同等增加，那么总的利润保持不变；国际贸易得到促进，但所考察国家的产出不会增加，任何投资活动扩张的诱因将不会出现。例如，英国增加对中国的出口，会导致英国经济状况改善，前提是中国用黄金支付这些进口商品或中国从英国资本家那里贷款，这一贷款最终将用于购买英国商品。随之英国资本家的利润将增加，其数额等于英国对中国贸易的新顺差。但如果向中国出口更多的机器，同时从中国进口更多的棉布，那么英国机器工业的状况会改善，英国棉布工业的状况会恶化，总的经济状况会保持不变，因为总利润没有增加。

二

假设某一国家出口的增加确实涉及对外贸易盈余的增加。刺激经济复苏的条件得以满足，即随着产出增加，贸易差额增加。尽管如此，产出增加导致对外国商品的更大需求，尤其是原材料，这是国内生产不可或缺的要素，因而导致进口增加[①]。

贸易差额的增加用 s 表示，相对应的进口和出口的增加分别用 i 和 e 表示，可以得到：

$$e = i + s \tag{2-1}$$

上述等式意味着出口不仅要实现贸易差额对应的增量，还需要增加额外数量以保证进口的增加，后者对产出扩张是不可或缺的。换言之，

---

① 与经济复苏相伴随的价格上涨的结果是出口将减少，进口将增加，这归因于该国产品竞争地位的弱化。与产出增加导致对外国商品需求的增加相比，竞争地位弱化这一因素所起的作用要小得多。因此，简便起见，这里我们不考虑这一因素。

仅有部分的出口增加有助于贸易差额和随后总利润的增加，其余部分被用于实现更大产出所需的额外进口。

我们现在确定增量 i 和 s 之间的关系。如前文所述，贸易差额的增加提高了总利润。利润占总产出的相对份额用 α 表示[①]：产出将增加 $\frac{s}{\alpha}$。此外，进口与总产出之比用 β 表示[②]，进口的增加为 $\beta\frac{s}{\alpha}$，可以得到：

$$\frac{s}{i} = \frac{e-i}{i} = \frac{\alpha}{\beta} \qquad (2-2)$$

我们通过一个例子来阐明上述过程。如果某一国家试图增加贸易差额，其出口增加了 7000 万兹罗提（波兰货币单位），那么其中一部分增加了贸易差额，而另一部分用于支付产出扩张所不可或缺的商品进口。两个部分之间的比例与利润占总产出的相对份额（假如说 0.5）和进口与总产出之比（假如说 0.2）之间的比例相同。由此可知，贸易差额的增加为：

$$\frac{0.5}{0.5+0.2} \times 7000 = 5000$$

出口额外增加 2000 万兹罗提但进口增加相同数额，或者出口增加 7000 万兹罗提，进口增加 2000 万兹罗提，贸易盈余增加 5000 万兹罗提，总利润是相同的。

三

如果政府向国内资本家借款，并将贷款用于军备、救济金支付或公共工程，其结果和确保对外贸易盈余是非常相似的。此时，与出口相对

---

① 这一相对份额在经济周期中是变化的，在复苏期上升，在衰退期下降。尽管如此，变化是相当小的，简便起见这里将之视为常数。
② 当然，这一比率可能会发生变化，但变化不是十分重要的，简便起见这里将之视为常数。

进口盈余对应的是用于上述目的的商品销售：军备、失业者的消费品、公共工程建筑材料以及这些工程中所雇用工人的消费品。这些商品销售相当于资本家增加对政府的债权，恰如对外贸易所取得的盈余相当于对外债权增加或外债减少。显然，政府债务增加可能会吸收利润，这与外国债权增加（或外债减少）是相同的。结果是，利润方程必须被修订，除了资本家消费、投资和贸易盈余，还需要包括"国内出口"，后者等于政府对资本家负债的增加。与确保对外贸易盈余一样，启动"国内出口"以相同的方式刺激复苏。随之而来的是，产出增加和单位产出利润增加，总利润的增加等于这些"国内出口"。这反过来刺激了投资活动扩张。与确保对外贸易盈余和"国内出口"有关的融资过程也是非常相似的。

当某一国家的资本家发放外国贷款或者向其政府提供贷款以用于购买本国商品时，类比是显而易见的。资本家将钱借给国外或者借给政府以换取债券。在不考虑工人储蓄的情况下，国外或者政府所获得的资金会通过商品购买回流给资本家（当然，不一定是相同的资本家）。结果是，给定时期内资本家阶级的利润增量等于其收到的政府或外国债券的价值，后者等于对外贸易中获得的盈余或者"国内出口"。

对外贸易盈余还可以通过流入该国的外汇或黄金来实现，而不是通过发放外国信贷。至于"国内出口"，如下文将要表明的，类似的过程是政府支出通过中央银行来融资。

等价于对外贸易盈余的黄金和外汇最终将被资本家在中央银行兑换为本国货币，或者用来偿还中央银行发放给他们的信贷。在给定时期内，资本家的利润将随票据流通和偿还中央银行信贷的增加而增加，其数额等于对外贸易中获得的盈余。

如果"国内出口"是中央银行通过贴现国库券来融资，政府发行的票据就会流入资本家手中。这些票据要么继续流通，要么最终用于偿还中央银行信贷。在给定时期内，资本家利润的增加等于流通中货币数量增加和偿还中央银行信贷的总和，这一总和等于"国内出口"。

在上述两种情况下，资本家利润的增加等于流通货币数量增加和中央银行信贷减少的总和。

不管是中央银行以黄金或外汇形式持有的外国债权，还是政府以国库券形式持有的债权，都增加相同的数额。通过上述方式，外国或政府通过中央银行的媒介负债于某一国家的资本家，其程度则为对外贸易盈余或"国内出口"。

四

通过"国内出口"刺激经济复苏的结果是进口增加，因为外国商品需求增加，它们对国内生产是不可或缺的。因为无法保证出口同时增加，与"国内出口"相伴随的是贸易差额下降。我们在第二节的基础上详细审视这一问题。

如前文所述，进口的增加用 i 表示，贸易差额的增加用 s 表示。假定出口保持不变，则有：

$$i = -s \qquad\qquad (2-3)$$

这一等式意味着进口增加等于贸易差额下降。我们用 e_1 表示单位时间的"国内出口"。上一节已经表明，通过"国内出口"来刺激经济复苏，资本家利润会增加 e_1。但我们没有考虑这一增加如何影响对外贸易差额。如果贸易差额变化 s，那么根据第一节的论述，利润也会变化 s。因此，总利润增加为 $e_1 + s$。因为 $s = -i$，那么总利润增加为 $e_1 - i$，也就是说利润增加将等于"国内出口"与因"国内出口"对总产出刺激效应所导致的进口增加之间的差额。

如第二节所述，利润占总产出的相对份额用 α 表示，那么总产出将增加 $\dfrac{e_1 - i}{\alpha}$。此外，进口与总产出之比用 β 表示，相对应的进口增加 $i = \dfrac{e_1 - i}{\alpha}\beta$。由此可知：

$$\frac{e_1 - i}{i} = \frac{\alpha}{\beta} \qquad (2-4)$$

这一方程与方程（2-2）是相同的，但这里不是出口增加 e，而是"国内出口"e_1。和方程（2-2）一样，方程（2-4）表明"国内出口"被分为两个部分，$e_1 - i$ 和 i，二者的比例同样是 $\frac{\alpha}{\beta}$。$e_1 - i$ 是利润增加，i 是进口增加。但这里有一个根本区别："国外出口"增加和"国内出口"都导致总利润增加，分别是 $e - i$ 和 $e_1 - i$；但"国外出口"增加的 i 实际上涵盖通过国际贸易导致的进口增加，而"国内出口"的 i 只是在算术意义上等于进口增加，当然不能转换为进口。这引出一个事实，即"国内出口"导致贸易差额减少。

我们举例说明这一过程。假设政府在资本市场中或从中央银行借款7000万兹罗提，并将之用于公共工程。由于产出增加，进口增加 i（出口水平保持不变），这意味着贸易差额下降同一数额。利润增加 $7000 - i$。这一项与 i 之间的比例与利润占总产出的相对份额（0.5）和进口与总产出之比（0.2）之间的比例相同。由此可知，进口增加，进而贸易差额下降，其数额等于2000万兹罗提。这一进口增加有两个结果：一是利润不会增加7000万兹罗提，而是仅有5000万兹罗提；二是贸易差额的下降为2000万兹罗提。

五

前一节已经表明，实施"国内出口"导致贸易差额下降。在国际收支中，这一贸易差额下降可以通过以下方法来弥补：外国资本流入，暂停偿还外债，黄金和外汇的流出。因为"国内出口"提高了平均利润率，外国资本会有流入该国的趋势，但由于贸易差额下降引起了外国资本家对该国偿付能力的担忧，这一趋势通常会被抵消。由于没有外国投资，黄金和外汇实际上开始流出该国。

在债务国的情况下，上述情况仍然可以通过暂停偿还外债来阻止。

但如果"国内出口"超过某一水平，由于产出和进口大幅增加，那么对外贸易差额势必会变成负数，黄金或外汇再次流出该国。最终，当外汇和黄金储备下降到某一程度时，维持进口的唯一方法是通过货币贬值来增加出口。

由于货币贬值，以外国货币计算的国内产品价格下降，这导致出口增加，尽管贸易条件不利，但仍有可能用出口所得购买更多的外国商品。通过这种方式，产出增加所需的进口得到了保障，这一产出增加源于实施"国内出口"。尽管如此，以上述方式保障进口是有限的。首要一点是，以外国货币计算的国内产品价格下降，无论是幅度还是持续时间，都是有限的，因为以本币计算的国内产品价格有上涨趋势。即便不考虑这一趋势——这一趋势是可以阻止的，如不采用官方的货币贬值而是仅建立一般性出口溢价——保障进口的能力依然有限。

假设一个国家的产品价格由于货币贬值降低为原来的 $\frac{1}{n}$，结果是出口增加为原来的 m 倍：用出口换取所需的外国商品进口将以 $\frac{m}{n}$ 的比例变化。显然，当 n 足够大时，$\frac{m}{n}$ 将小于 1，也就是说与货币贬值前所能获得的相比，国内产出数量越大，外国商品数量越小。因此，可以通过货币贬值来确保进口达到一定的最高水平。但超过这一水平，货币贬值将导致某一国家进口能力下降，而不是上升。

这也表明通过"国内出口"刺激经济复苏是有限的：总产出不会达到如下水平，即不可或缺的进口高于通过货币贬值所能获得的最大进口。这可能并经常导致如下情况，即"国内出口"引致的复苏不会导致闲置资本设备的充分使用，因为外国商品不足（尤其是原材料），后者是生产不可或缺的补充性要素。某一国家越依赖进口，它通过货币贬值来扩张出口就越困难（比如考虑到其他国家提高关税），"国内出口"带来的复苏将越早达到顶部。

应当补充的是，随着货币不断贬值，实际收入要比产出更早地达到最大值；因为单位总产出对应的实际收入在下降，一部分产出在不断恶化的贸易条件下被用来交换外国商品。

六

前文我们集中探讨了通过对外贸易盈余或"国内出口"刺激经济复苏的阶段。由此导致的利润增加引发了投资活动扩张，"自然"繁荣的阶段得以实现。

因此，逐渐减少"国内出口"有可能减缓经济复苏的进程，但不会导致繁荣的崩溃。如果通过贸易差额增加刺激复苏，那么这一影响会在投资增加期间自动停止。实际上，投资扩张导致产出增加，进口随之增加，后者不会被出口增加所抵消（这里投资活动与"国内出口"有几乎相同的影响）。投资扩张导致贸易差额下降（贸易差额增加此前曾刺激复苏），在一定产出水平上前一节所讨论的困难可能会出现。通过类似第二节和第四节的计算，可以估计出导致贸易差额出现紧张状况时的投资水平。

用 s 表示引致复苏的贸易差额增加。假设在复苏的下一阶段投资增加 k，由于进口增加，此前的贸易差额增加"丢失了"，也就是说贸易差额下降 s 从而回到其最初水平。因此，在投资扩张期，总利润因"投资"增加 k 而增加，但因贸易差额下降 s 而下降。总的来说，利润增加等于 $k-s$。如前文所述，α 为利润占总产出的相对份额，β 为进口与总产出之比。与总利润增加 $k-s$ 相对应，产出增加等于 $\dfrac{k-s}{\alpha}$，相对应的进口增加等于 $\dfrac{k-s}{\alpha}\beta$。因为进口增加量与贸易差额下降量相同，所以有：

$$\frac{k-s}{\alpha}\beta = s$$

由此可以直接得到：

$$k = s\left(1 + \frac{\alpha}{\beta}\right) \qquad\qquad (2-5)$$

和前文一样，令 $\alpha = 0.5$，$\beta = 0.2$，则 $k = 3.5s$。可以看到，在通过确保贸易差额刺激经济复苏的情况下，始终伴随着"国内出口"的国际收支紧张关系只有当投资数倍于贸易差额水平时才会出现，也就是在繁荣的高级阶段。此外，在不引起国际收支困难的情况下，大幅改善经济状况将很可能导致外国资本流入。如果外国资本流入是持续的，那么在以后的阶段国际收支的紧张关系可能就不会出现。通过确保对外贸易盈余来刺激复苏的优势是什么，现在已经很清楚了。值得一提的是，基于投资活动自动增加的"自然"复苏并不具备这一优势，在没有外国资本流入的情况下，"自然"复苏会面临与基于"国内出口"的复苏相同的国际收支困难。

第三篇　经济复苏机制

（1935 年）

一

大规模失业似乎是萧条最明显的症状。失业是源于资本设备短缺吗？也就是说，与人口增加相比，固定资本的积累不足？当然不是，情况恰恰相反。在萧条期，现有资本设备的利用率较低；与闲置资本设备相对应的是失业劳动力。低利用率资本设备的所有者面对劳动力长期闲置却不从事生产，原因何在？任何一个企业家都会肯定地回答说，这是一个无利可图的建议：他所能出售商品的价格不足以弥补他的当前成本，即原材料、劳动力、税收等方面的支出。因此，有人建议采用工资削减来克服萧条。资本主义制度的一个主要特征是，对单一资本家有利的并不一定对整个资本家阶级有利。如果某一资本家降低工资，那么他能够扩张产出（其他条件不变），但如果所有资本家都做同样的事情，结果就完全不同。

假设工资事实上已经普遍降低，同样与公务员薪酬相对应的税收也降低。由于"已改善"的价格－工资关系，企业家充分利用设备生产能力，结果是失业消失了。萧条就这样被克服了吗？绝不是，因为生产的商品仍然需要出售。产出已大幅增加，由于价格－工资关系的改善，产出中等价于资本家（企业家和食利阶层）利润（包括折旧）的部分增加得更多。在这一新的更高产出水平上，均衡的前提条件是，没有被工人或公务员消费的部分产出应作为增加的利润归资本家所有；换言之，资本家必须将他们额外获得的所有利润立即用于消费或投资。但事实上这种情况是最不可能发生的。在经济周期过程中，资本家消费总体上变化不大。利润率上升确实会刺激投资，但这一刺激不会马上起作用，因为企业家会等待，直到他们确信更高的利润率将持续下去。因此，利润增加的直接影响将是货币储备积累在资本家和银行手中。但与利润增加等价的商品仍然没有售出。不断积累的存货将拉响警钟，找不到出路的商品将再次降价。因此，成本削减的影响将是无效的。总的来说，仅有价格下降会发生，这抵消了企业家成本削减的好处，因为失业与设备利用率不足将再次同时出现。

事实上，一般而言，工资削减不会导致产出的暂时增加。不仅是投资，而且现有设备的利用率都不会对利润率的上升立即做出反应。因为在工资削减之后，在资本家基于现有资本设备增加产出之前，价格下降就会出现。由于资本家不会立即用从工人那里拿走的钱购买消费品或投资品，产业收入会下降。资本家从工资削减中获得的好处很快会因价格下跌而消散。上述情况在 1931～1932 年大萧条期间的所有国家都能看到，工资削减浪潮带来的是价格快速下降，而不是产出增加。

二

将工资削减作为摆脱萧条的信条有时会辅以针对价格下降的补救措施。为了阻止"割喉式竞争"，有人提议建立卡特尔。假设所有的行业中卡特尔都已经形成，工资已经适当下降，但工人需求的减少不会对价格产生任何影响，因为卡特尔会将价格维持在一个稳定水平。这一"改进的"价格－工资关系对克服萧条有帮助吗？与自由竞争情况下的资本家相比，卡特尔不太可能更加迅速地将工资削减所带来的利润用于投资。事实恰恰相反。在一个总体卡特尔化的体系中，和自由竞争的情况下一样，产业收入将随成本的下降而下降，因为价格保持不变，商品销售量将随收入的减少而同比例下降。因此，在竞争性经济中工资削减不会导致产出增加，而在一个总体卡特尔化的体系中由于价格刚性，工资削减会导致产出下降和失业上升。

在一个"混合"体系中，即包括卡特尔部门和竞争性部门，工资削减的结果将是某种中间情况：产出下降会出现，但其影响要比总体卡特尔化的情况弱一些。

三

如前文所述，工资削减不是摆脱萧条的方法，因为资本家不会将他们所获得的利润立即用于购买投资品。我们将试着证明相反的情况：在不削减工资的情况下，投资增加本身会导致产出增加。

假设某个重要发明导致与其支出相关的投资增加。即使资本家的利润没有增加（不存在工资削减），资本家也没有特别地减少消费（实际上这是最不可能的），资本家仍然有可能增加投资吗？额外投资的融资受所谓的购买力创造影响。此时银行信贷需求增加，这些信贷是由银行发放的。资本家用于新投资的融资手段影响投资品行业。这一额外需求使闲置设备和失业劳动力得以使用。增加的就业是消费品额外需求的来源，反过来导致不同行业的更高水平就业。最后，额外的投资支出直接通过工人的支出进入资本家的口袋（假设工人不储蓄）。额外的利润以存款形式回流到银行。银行信贷随额外投资而增加，存款随额外利润而增加。进行额外投资的企业家正在把与他们的投资相等的利润"推进"其他资本家的口袋，前者在某种程度上通过银行负债于后者。

前文我们探讨了成本下降所产生的利润是否被投资的问题。就目前所考虑的情况而言，自相矛盾的是，利润甚至在产生之前就被投资了。没有被投资的利润不能被保留，因为它们会被随后发生的产出和价格下降所消灭。为额外投资融资的购买力创造使产出从萧条期的低水平增加，进而创造出与这一投资相等的利润。

需要指出的是，产出增加将导致流通中更大的货币需求，需要中央银行增加信贷。如果中央银行的反应是将利率提高到使总投资下降的数量等于新发明导致的额外投资这一水平，那么投资增加不会发生，经济状况也不会改善。因此，复苏的前提条件是利率不应因现金需求的增加而大幅提高。

但当新发明已经传播、经济复苏的最初来源已经枯竭故而投资刺激消失时会发生什么？衰退是不可避免的吗？不，因为与此同时整体经济中普遍存在的利润率上升将导致投资增加。当新发明的效果逐渐消失时，由更高利润率引致的投资将会介入。

四

在前一节，我们阐述了重要发明刺激投资导致经济复苏，某种程度上这是一种偶然情况。如果没有上述外部刺激，那么萧条会永远持续下去吗？通过增加投资来培育终结萧条的力量，这难道不是萧条期内在固有的吗？

假设经济在萧条期底部非常低的经济活动水平上变得稳定，尤其是投资已经缩减到无法对老化的资本设备进行必要更新的程度。假设这一资本设备包括 2000 家工厂，每年废弃 100 家但只建造 60 家。因此，资本设备每年减少 40 家工厂。尽管如此，在相当长的时期之后，正是这一资本设备的破坏启动了经济复苏。由于资本设备缩减，现有数量更少的工厂满足了相同的需求，这提高了现有工厂的产能利用率。一旦现有资本设备的利润率上升，投资水平就会提高。投资的融资将通过购买力创造来提供，这将导致投资品产出增加以及各产业部门的就业增加。此外，新就业工人的消费品需求增加将使消费品行业的就业更加充分。产出的普遍增加进一步提高了利润率，继而新的投资活动扩张，新的购买力创造，等等。

实际上，这是一个导致稳步复苏的累积性过程。尽管如此，一旦投资超过固定资本的必要更新水平，如每年新建的工厂多于被废弃的 100 家，阻碍复苏的因素就会出现。正如在萧条期资本设备缩减是复苏的开始，资本设备的扩张最终将终止繁荣并开启衰退。

繁荣的崩溃过程与从萧条期底部开始复苏的过程相反。假设在繁荣期顶部投资稳定在每年建造 140 家工厂的水平，每年废弃 100 家，资本设备以每年 40 家工厂的速度扩张。现在需求将由更多的工厂来满足，结果是每一家工厂的产能利用率都将下降。由此导致的更低的利润率将使投资下降。正如在萧条期底部投资增加意味着产出复苏和失业下降的开始，在繁荣期顶部产出下降和失业上升将会出现。和在复苏期上升趋势是累积性的一样，这一向下的变化也将积聚势头。

当然，本文的目的不是提出一个完整的周期波动理论。本文试图给出一个关于"自然"复苏机制的一般性思考，并特别阐明其中一个方面。很显然的是，投资只有在实施时才会对经济状况产生有利影响，并为额外的购买力提供出口。另外，投资的生产性特征会减缓复苏，并最终使复苏结束，因为正是资本设备的扩张导致繁荣的崩溃。这里我们面对的是资本主义制度最显著的悖论。资本设备的扩张，也就是国家财富的增加蕴含着萧条的种子，在这一过程中额外的财富被证明仅是潜在的。因为相当一部分资本设备是闲置的，只有在下一次经济复苏时才是有用的。

上述观点为政府通过公共投资干预经济衰退提供了一些启示，现在我们来探讨这一问题。

五

在明晰了经济周期机制之后，我们再来看一下由新发明所引发的复苏，这一新发明刺激一些企业家进行"额外投资"。通过利用额外购买力，企业家启动了经济复苏机制。这一情况与政府干预经济衰退的情况非常接近。为了从前者过渡到后者，只需要将资本家被新发明诱导投资替换为政府实施投资，后者同样是通过额外购买力来融资的，其目的是打破萧条的僵局。

假设政府发行国库券，并将之卖给银行。例如，政府将这些钱用于铁路建设。如前文所述，投资品行业的就业增加，随后由于工人更高水平的购买力，消费品行业的就业也增加。政府支出作为直接利润或通过工人支出流入资本家的口袋，并以资本家存款的形式返回银行。在银行资产方面，政府债务以贴现票据的形式积累；在银行负债方面，存款的增加等于额外利润。因此，政府通过银行向私人资本家借款的数额等于投资的价值。由此可见，当前探讨的情况与由新发明导致经济复苏的情况存在完全的类比。在这两种情况下，整个行业的利润率上升将刺激投资，并推动复苏，即使政府逐渐减少其投资活动，复苏也将持续。因此，由新发明引致的复苏在该发明的影响消失之后仍将持续。

需要强调的是，公共投资所采取的形式对政府干预的影响不是至关重要的；重要的是，投资应由额外购买力来融资。无论何种原因，为预算赤字融资的购买力创造都会产生相类似的影响。差异仅在于额外购买力最初流向了不同的行业。例如，假设出售国库券所获得的资金被用于支付失业救济金。在这种情况下，政府干预的直接影响将体现在消费品行业。只有在一段时间之后，当利润率上升引诱资本家投资时，投资品行业才会分享繁荣。这一通过购买力创造融资的投资活动增加将推动经济复苏，即使在预算赤字消失之后复苏仍将继续，因为收入和销售的增加导致税收增加。

因此，一段时间之后，私人投资将"取代"公共投资："人为的"繁荣被"自然的"繁荣所取代。顺便说一下，或早或晚，"自然的"繁荣将会因资本设备的扩张而停止。

必须补充的是，成功的政府干预的前提是（自然复苏也是如此），有可能在不大幅提高利率的情况下满足银行系统对信贷日益增长的需求。如果利率上涨到一定程度，以至于私人投资削减的数量恰好等于政府借款的数量，那么显然不会创造购买力，只会发生购买力结构的变化。

第四篇　商品税、所得税和资本税的理论

（1937 年）

本篇文章探讨在资本设备和货币工资给定的情况下，商品税（commodity taxes）、所得税（income taxes）和资本税（capital taxes）对就业、国民收入及其分配的影响。资本设备给定将我们的分析限定在短期；货币工资给定仅是一个简化，如果用工资单位而不是货币单位来衡量价值，那么这一简化是可以避免的。此外，其他简化假设如下：

（1）封闭经济体系，所有类型的劳动力和设备都过剩；

（2）工人花光他们所有的工资或救济金（如失业、残疾等），只有资本家（企业家和食利阶层）储蓄；

（3）预算平衡①，所有的国家支出都由税收融资。

在论述过程中，我们还附加了一些更为特殊的假设。

论证分为四个阶段。在第一阶段，简要探讨在没有税收和国家支出情况下的短期均衡，在随后的阶段引入商品税、所得税和资本税。假定商品税仅对工资品征收，所得税仅对资本家收入征收。

---

① 从预算平衡转向预算不平衡这一更普遍情况是很容易的，即在我们的结论上附加国家借款或偿还债务的影响。

一

一个企业的毛利润指的是销售收入和主要成本之差。当企业的产出对应边际主要成本曲线和边际收入曲线的交点时，产出数量最大化。国民收入（和凯恩斯定义的一样）为所有毛利润和工资之和。另外，国民收入还等于总消费和投资。由于假定工人消费他们所有的工资，总的毛利润 P 必然等于资本家消费 C_c 加上投资 I，即：

$$P = C_c + I$$

如果资本家消费和投资之和增加（或减少），那么边际收入曲线发生移动，就业被推至总的毛利润 P 与增加的（或减少的）资本家消费和投资之和相等的一点。

显然，上述方程（在工人不储蓄的假定下）等价于储蓄 S 和投资 I 相等，因为方程两边都减去资本家消费 C_c 就可以得到 $S = I$。

总的毛利润 P 由投资 I（等于资本家储蓄 S）和资本家的消费倾向决定。现在我们就毛利润的决定因素做出一些看似合理的假设。我们假定，如果基本情况发生某些变化，那么：

（1）投资不会立即变化，因为投资是此前投资决策的结果，需要一定且不短的时间来完成；

（2）资本家的消费倾向对收入变化的预期不敏感，只有收入真实增加（或减少）才能促使资本家提高（或降低）生活水平。

基于上述假设，只有在一定时滞（不是很短期）之后，基本情况的变化才会改变毛利润 P。仅就当时而言，投资保持不变，资本家的消费倾向不受收入变化预期的影响。

二

现在我们将通过工资品税收融资的国家支出引入体系中。政府支出要么用于公务员薪酬，要么用于失业者、残疾人等的救济金。简便起见，税收被认为是对各种工资品按恒定的从价（ad valorem）比率计算的。显然，这一税收类型构成了一种新的主要成本。

国民收入现在等于毛利润、工人工资和对工资品征收的税收的总和。另外，国民收入等于总消费和投资。工人工资等于他们的消费。税收的总量等于公务员薪酬和失业救济金之和，这些钱同样全部花在工资品上。因此很显然，总的毛利润再次等于资本家消费和投资之和。等式 $P = C_c + I$ 在征收商品税的情况下同样适用。

接下来我们探讨如果工资品税率提高将发生什么，比如从 3% 上升到 5%，税收收入用于救济失业者。

根据前一节的假定，当税率提高时，投资 I 和资本家消费倾向不会立即发生变化。总的毛利润 P 和就业将保持在新税收制度开始时的旧水平。虽然就业和工资总额没有发生变化，但救济金总额随新税收数量增加而增加，很明显工资品的总需求也增加（2%）[1]。工资品的边际成本也是如此，在上述情况下工资品价格也将上涨（2%），而工资品产出保持不变；通过这种方式，一个新的短期均衡被确立，这一均衡与之前均衡的差异仅在于工资品的边际成本和价格都上涨（2%）。在这一新情况下，导致资本家投资或消费发生变化的刺激因素并不存在。因此，如果资本家的支出在税收增加之后没有立即改变，之后也不会改变，毛利润同样不会改变，因为它等于资本家支出。

尽管如此，必须补充的是，上述观点只有在一个附加假设下才成立。虽然产出的数量和结构没有变化，但产出的名义价值增加了。因此，现金需求更大，利率趋于上升，这会对投资产生消极影响。这里我们假定利率的上升是很小的，也就是说用于交易的现金供给是有弹性的。

从前文不难看出，工资品税收增加导致的国民收入分配变化主要表现为购买力从工人和公务员转向领取救济金的人。在上面的例子中，实

---

① 这不是很精确的。资本家消费的一部分指向工资品，工资品价格上涨可能导致资本家在工资品上的支出增加，在其他商品上的支出下降。随后产出的相对变化将发生。

际工资和公务员薪酬下降（2%），"实际的"资本家消费下降比例要小得多，因为资本家支出中仅有一小部分的比例被用于购买工资品。

三

进一步，我们将对资本家收入的税收引入体系中。简便起见，我们假定税率是一个常数。显然，这一税收不是主要成本，而是毛利润的一部分。企业家仍然最大化销售收入和主要成本之差，这一差额越大，企业在缴纳所得税之后的剩余收入也就越大。

国民收入用与之前相同的方式表示：

毛利润	资本家消费
工资	投资
商品税	工资品消费

但现在工资品消费不仅包括工资和商品税，还包括所得税。显而易见的是，毛利润 P 现在等于资本家消费 C_c、投资 I 和所得税 T_i，资本家获得的利润等于 $C_c + I$：

$$P = (C_c + I) + T_i$$

接下来考虑如果为了救济金支出将所得税从 15% 提高到 25% 会发生什么。根据我们的假设，在引入额外税收之后的时期内，资本家消费和投资将不会发生变化。因此，所得税增加的直接结果是毛利润 P 上升，因为 $P = (C_c + I) + T_i$，T_i 增加了；就业被推至毛利润增加 T_i 增量的那一点。这并不奇怪，因为新的国家支出发生，而其他任何支出都没有缩减。但可以想象的是，由于所得税对投资利润率的影响，这不是最终结果。

显然，所得税必然会提高利率，否则贷款的净回报水平会下降。举例来说，利率最初为 3%，15% 所得税的贷款回报水平为 2.55%；所得税增加到 25%，利率会上升到 3.4%（3.4 减去其 25% 为 2.55）。

如果某一类型投资的预期利润率最初是 9%，假设利率是 3%，那么企业家计划投资的收益率在扣除所得税之前为6%，扣除15%所得税之后为5.1%。但在新的税率水平下，利率为3.4%，净利润和所得税之和仅占5.6%；此外，由于所得税增加，现在必须从收益中扣除25%，净利润占4.2%，但在所得税增加之前净利润占5.1%。0.9个百分点的差额相当于对9%的预期利润率征收新的10%（25% − 15% = 10%）的所得税。这一事实并不令人惊讶，因为放贷者的回报不会因所得税的增加而减少，因而整体负担落在计划投资的企业家身上。如果是这样，整体负担就对投资引诱施加了压力。

断定上述情况是最终结果还为时过早。必须考虑的是，在新税收制度的第一个时期，毛利润的增加恰好是总的"新税收"数量。如果企业家期望未来增加的收益与现在一样大，这似乎是可能的（如9%的预期利润率上升到9.9%），那么这一收益增加足以抵消所得税对投资引诱的消极影响。

因此，总的资本家收入（$C_c + I$）保持不变。结果是，由于T_i增加，毛利润$P = (C_c + I) + T_i$很可能增加，就业也是如此。（假设用于交易的现金供给是有弹性的。）

这样看来，所得税导致的主要变化会是失业者对工资品需求的增加。当然，这一需求增加不仅提高了工资品产出，还提高了工资品价格，因而降低了新税收引入前已雇用工人的"实际"消费。另外，新就业人员的消费将增加。当然，实际工资总额的上涨取决于工资品供给的弹性。

四

在最后一阶段，我们引入资本税。例如，考虑对各种类型的自有资本征收每年2%的资本税。当然，与所得税一样，资本税不是主要成本的组成部分。采用和上一节相类似的论证，此时毛利润为：

$$P = (C_c + I) + T_i + T_c$$

其中，T_i是总的所得税，T_c是总的资本税。

现在我们审视提高资本税税率的影响，其收入仍用于失业救济金。根据我们的假设，资本家消费 C_c 和投资 I 在新税收引入后仍保持不变。因此，新税收的首要影响是就业增加，毛利润 P 将增加 T_c 增量。

尽管如此，资本税的情况与所得税的情况有所不同。不难看出，提高资本税税率往往不会降低投资的净利润率（包括风险），或者提高利率。实际上，如果有人借钱并建造工厂，那么他不会因这一行为而增加自己的资本，也不会支付更高的资本税。如果他用自己的财富投资，那么他也要支付和不投资时相同的税收。因此，投资的净利润率不受资本税影响。与所得税不同的是，从长期来看，资本税也不是产出的成本。

同样，每一个人都愿意根据当前利率来放贷；因为每一个人是否放贷并不影响他支付的资本税。

因此，如果预期收益和以前一样，提高资本税税率就不会弱化投资引诱。但因为毛利润 P 在新的税收制度下增加了，预期得到了改善。此时投资引诱比引入额外税收之前更加强烈。结果是投资增加，并导致毛利润和就业新的增加。

有趣的是，资本税不仅使毛利润增加税收数量，也使缴纳资本税之后的资本家收入 $C_c + I$ 显著增加。（在所得税的情况下，资本家收入 $C_c + I$ 保持不变，毛利润增加税收数量。）

与在所得税的情况下相比，在资本税的情况下实际工资总额更高，因为就业增加更为明显。

综上所述，资本税或许是刺激经济和减少失业的最佳方式。资本税具有通过借款为国家支出融资的所有优点，但与借款相区别的优势在于，在资本税的情况下国家不会资不抵债。尽管如此，很难相信会为这一目的而大规模征收资本税，因为这似乎破坏了私有财产准则。因此，一般而言，"任何有能力且有意愿纠正资本主义制度主要缺陷的政府，都会有意愿且有能力去完全废除它（指资本税）"①。

---

① Joan Robinson, "Review of R. F. Harrod, *The Trade Cycle*," *Economic Journal*, 1936, 46.

第二部分

第五篇　成本和价格

（1943 年和 1954 年）

一　"成本决定"和"需求决定"的价格

短期价格变化可以分为两大类：主要由生产成本变化决定的和主要由需求变化决定的。一般而言，制成品价格变化是"成本决定的"，而包括初级品在内的原材料价格变化是"需求决定的"。当然，任何"需求决定的"原材料价格变化都会影响制成品价格，但这一影响是通过成本渠道传递的。

显然，这两种类型的价格形成源于不同的供给条件。基于现有的生产能力储备，制成品产出是有弹性的。需求增加主要是通过产出增加来满足，价格往往会保持稳定。实际发生的价格变化主要源于生产成本的变化。

原材料的情况则有所不同。农产品供给增加需要相当长的时间。尽管程度有所不同，矿产也是一样的。由于供给在短期内缺乏弹性，需求增加导致存货减少，进而价格上涨。这一最初的价格变化可能会因投机因素的加入而增强。所涉及的商品通常是标准化的，并在商品交易所报价。导致价格上涨的初级品需求增加往往伴随着次生的投机需求。这一投机因素使得产出在短期内更难赶上需求。

本篇文章将主要探讨"成本决定"价格的形成。

二 企业定价

考虑一个给定资本设备的企业。假设供给是有弹性的，也就是说企业在实际生产能力之下运行，单位产出的主要成本（原材料成本和工资成本[1]）在产出的一定区间内是稳定的[2]。考虑到企业定价过程中面临的不确定性，我们并不假定企业试图以任何精确的方式使其利润最大化。尽管如此，我们假定间接成本的实际水平不直接影响价格决定，因为总的间接成本随产出变化大致保持稳定。因此，使间接成本和利润之和最大化的产出和价格水平同时也被认为是对利润最有利的产出和价格水平。（以后将会看到，间接成本可能对价格形成产生间接影响。）

在制定价格时，企业会考虑自己的平均主要成本和其他企业生产的类似产品的价格。企业必须确保自己的价格相对其他企业的价格不会过高，因为过高会导致销售收入大幅降低；价格相对自己的平均主要成本也不会过低，因为过低会导致利润边际大幅降低。因此，当企业根据其单位主要成本 u 制定价格 p 时，需要注意的是 p 与所有企业的加权平均价格 $\bar{p}$[3] 之比不应太高。在 u 增加时，仅当 $\bar{p}$ 也成比例增加时，p 才会成比例增加。但如果 $\bar{p}$ 的增加小于 u，那么企业价格 p 的增加也将小于 u。满足上述条件的方程为：

$$p = mu + n\bar{p} \qquad\qquad (5-1)$$

其中 m 和 n 为正的系数。

我们假定 $n < 1$，原因如下。在企业价格 p 等于平均价格 $\bar{p}$ 的情况

---

① 薪酬包含在间接成本中。

② 事实上，在许多情况下，随着产出增加，单位主要成本会有所下降。我们忽略了这一不重要的复杂情况。在 1939 年文集中，我假定短期主要成本曲线是几乎水平的。从那时起，水平的短期主要成本曲线被许多经验研究所证实，明确或含蓄地在经济研究中发挥了重要作用。参见：W. W. Leontief, *The Structure of American Economy* (Harvard University Press, 1941)。

③ 基于各自产出加权，包括所考察企业。

下，可以得到 $p = mu + np$，由此可知 n 是肯定小于 1 的。

刻画企业定价政策的系数 m 和 n 反映了被称为企业地位的垄断程度（the degree of monopoly）。实际上，方程（5-1）描述了半垄断竞争（semi-monopolistic）情况下的价格形成。在相关产出区间内，供给弹性和单位主要成本的稳定性与所谓的完全竞争是不相容的。因为如果完全竞争占主导，高于单位主要成本 u 的价格 p 就会驱使企业扩张其产出至最大生产能力。因此，留在行业内的任何一家企业都会达到最大产能，价格会被推至使需求和供给相平衡的水平。

用图示的方式来分析垄断程度变化是很方便的。将方程（5-1）两边都除以 u 得到：

$$\frac{p}{u} = m + n\,\frac{\bar{p}}{u}$$

如图 5-1 所示，$\dfrac{\bar{p}}{u}$ 为横坐标，$\dfrac{p}{u}$ 为纵坐标，上述方程用 AB 直线表示。AB 直线的斜率小于从原点出发夹角 45° 的直线，因为 $n < 1$。这条完全由系数 m 和 n 决定的直线反映了垄断程度。当 m 和 n 发生变化，直线从 AB 移动到 $A'B'$ 时，在 $\dfrac{\bar{p}}{u}$ 的相关区间内，与给定的平均价格 $\bar{p}$ 和单位主要成本 u 相对应的是更高的企业价格 p。在这种情况下，我们可

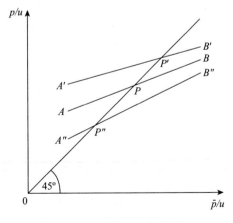

图 5-1　垄断程度的变化

以说垄断程度提高了。另外，当直线移动到 $A''B''$ 的位置时，我们可以说垄断程度下降了。（我们假定 m 和 n 总是以如下方式变化，即在 $\dfrac{\bar{p}}{u}$ 的相关区间内，对应不同 AB 位置的直线不会相交。）

我们现在证明一个对后面的阐述有一定重要性的命题。考虑 AB、$A'B'$ 和 $A''B''$ 直线与夹角 $45°$ 直线的交点 P、P' 和 P''。显然，垄断程度越高，交点对应的横坐标越大。交点由如下方程决定：

$$\frac{p}{u} = m + n\frac{\bar{p}}{u}$$

$$\frac{p}{u} = \frac{\bar{p}}{u}$$

由此可知，交点的横坐标等于 $\dfrac{m}{1-n}$。更高的垄断程度将反映为 $\dfrac{m}{1-n}$ 较大；反之亦然。

在本节和下一节中，关于垄断程度对价格形成影响的探讨是相当形式上的。垄断程度变化的实际原因将在后面探讨。

三　行业价格形成：一个特例

考虑如下情况，即所有企业的系数 m 和 n 都相同，但它们的单位主要成本 u 不同，由此我们开始探讨行业平均价格的决定。在方程 $(5-1)$ 的基础上变换得到：

$$\begin{aligned} p_1 &= mu_1 + n\bar{p} \\ p_2 &= mu_2 + n\bar{p} \\ &\cdots \\ p_k &= mu_k + n\bar{p} \end{aligned} \tag{5-1'}$$

将这些方程按企业各自的产出加权（即每个方程乘以企业各自的产出，再全部相加，总和除以总产出），可以得到：

$$\bar{p} = m\bar{u} + n\bar{p}$$

从而得到：

$$\bar{p} = \frac{m}{1-n}\bar{u} \qquad\qquad (5-2)$$

在前一节中，垄断程度越高，$\frac{m}{1-n}$ 越大。因此，我们得到如下结论：在给定垄断程度的情况下，平均价格 $\bar{p}$ 与平均单位主要成本 $\bar{u}$ 成正比。如果垄断程度提高，那么 $\bar{p}$ 相对 $\bar{u}$ 增加。

当单位主要成本因原材料价格或单位工资成本的变化而变化时，观察新的"价格均衡"以何种方式实现仍然是重要的。u_1、u_2 等为"新"的单位主要成本，p_1'、p_2' 等为"旧的"价格。这些价格的加权平均是 $\bar{p}'$。与之相对应的新价格为 p_1''、p_2''，等于 $mu_1 + n\bar{p}'$、$mu_2 + n\bar{p}'$。上述情况反过来导致一个新的平均价格 $\bar{p}''$，依此类推，这一过程最终收敛到方程（5-2）所给出的新的 $\bar{p}$。这一过程的收敛性依赖于条件 $n < 1$。实际上，根据方程（5-1'）可得：

$$\bar{p}'' = m\bar{u} + n\bar{p}'$$

新的最终 $\bar{p}$ 为：

$$\bar{p} = m\bar{u} + n\bar{p}$$

用前一个方程减去后一个方程可以得到：

$$\bar{p}'' - \bar{p} = n(\bar{p}' - \bar{p})$$

这表明当 $n < 1$ 时，新的平均价格与其最终值 $\bar{p}$ 的偏差会以几何级数递减。

四　行业价格形成：一般情况

现在考虑系数 m 和 n 因企业而异的一般情况。采用和特殊情况相类似的方法，方程变化如下，其中 $\bar{m}$ 和 $\bar{n}$ 为系数 m 和 n 的加权平均值[①]：

---

① $\bar{m}$ 为 m 根据各企业主要成本进行加权的平均值；$\bar{n}$ 为 n 根据各企业产出进行加权的平均值。

$$\bar{p} = \frac{\bar{m}}{1 - \bar{n}} \bar{u} \qquad\qquad (5-2')$$

试想一家企业，其系数 m 和 n 等于行业的 $\bar{m}$ 和 $\bar{n}$。我们称之为代表性企业。进一步，我们可以说行业垄断程度就是代表性企业的垄断程度。因此，垄断程度将由对应 $\frac{p}{u} = \bar{m} + \bar{n} \frac{\bar{p}}{u}$ 的直线来决定。垄断程度提高将反映为这一直线向上移动（参见图 5–1）。参照第二节的论证，垄断程度越高，$\frac{\bar{m}}{1 - \bar{n}}$ 就越大。

基于上述结论以及方程（5–2'），我们可以将前一节的特殊情况一般化。给定垄断程度，平均价格 $\bar{p}$ 与平均单位主要成本 $\bar{u}$ 成正比。如果垄断程度提高，那么 $\bar{p}$ 相对 $\bar{u}$ 上升。

平均价格与平均主要成本之比等于行业总销售收入与行业总主要成本之比。由此可知，收入与主要成本比率是稳定的、上升的还是下降的取决于垄断程度变化。

需要指出的是，这里得到的所有结果都受制于弹性供给的假设。当企业达到其最大生产能力时，需求的进一步增加将导致价格上涨到超过上述分析所表明的水平。尽管如此，当企业允许订单累积时，这一价格水平可能会维持一段时间。

五　垄断程度变化的原因

我们这里只讨论现代资本主义经济中垄断程度变化背后的主要因素。首先要考虑的是导致巨型企业形成的产业集中过程。基于前文思考，可以很容易地理解占行业产出较大份额的企业的出现所产生的影响。这一企业知道自己的价格 p 会显著影响平均价格 $\bar{p}$，此外其他企业也会被推向相同的方向，因为其他企业的价格形成取决于平均价格 $\bar{p}$。因此，占行业产出较大份额的企业可以将价格制定在比以往更高的水平上。其他大企业也在玩相同的游戏，因而垄断程度大幅度提高。上述情况可以通过秘密协议得到增强。（这一协议可能采取如下形式，一个大企业即领导者制定价格，其他企业跟着做。）反过来，秘密协议可能会发展为一种或多或少正式的卡特尔协议，这相当于仅仅因为害怕新进入者而进行限制的全面垄断。

第二个主要影响因素是通过广告、销售代理等方式开展的促销活动。价格竞争被广告活动等竞争方式所取代，这些做法也将明显导致垄断程度提高。

除上述因素外，还需要考虑其他两个因素：与主要成本相关的间接成本变化对垄断程度的影响，以及工会力量的显著影响。

如果间接成本相对主要成本大幅上升，除非允许提高收入与主要成本比率，否则利润就必然受到挤压。结果是，行业的企业之间可能会出现一种"保护"利润的秘密协议，进而提高价格与单位主要成本比率。例如，由于技术引进提高了资本密集度，单位产出的资本成本增加往往会以上述方式提高垄断程度。

利润"保护"这一因素尤其容易出现在经济萧条期，情况如下。如果垄断程度保持不变，总收入就会与主要成本同比例下降。与此同时，间接成本由于其特质，在经济萧条期的下降幅度低于主要成本。这为达成价格不与主要成本同比例下降的秘密协议提供了背景。结果是，在萧条期垄断程度有升高趋势，而在繁荣时期这一趋势被逆转①。

尽管上述思考表明了间接成本可能影响价格形成的一个渠道，但显然在我们的理论中间接成本对价格的影响远没有主要成本的影响那么明显。垄断程度可能但不一定会因为与主要成本相关的间接成本增加而提高。这一点以及对其他企业价格影响的关注使我们的理论区别于所谓的完全成本理论（full-cost theory）。

现在我们转向工会力量对垄断程度的影响。出于下列原因，强大工会的存在往往会降低利润边际。利润与工资的高比率强化了工会在工资

_____

① 这是基本趋势，但在某些情况下，恶性竞争的反向过程可能会在萧条中形成。

谈判中的地位，因为更高的工资是与现有价格水平下的"合理利润"相一致的。如果允许工资增加，价格就应该提高，这会引发新的工资增加需求。由此可知，在没有成本上升趋势的情况下，高的利润工资比率不可能被维持。这一对企业或行业竞争地位的不利影响鼓励采取更低利润边际的政策。因此，工会活动在一定程度上会抑制垄断程度，工会力量越强，垄断程度越低。

垄断程度变化不仅对工人和资本家之间的收入分配具有决定性意义，在某些情况下对资本家阶级内部的收入分配也具有决定性意义。因此，大企业增长导致的垄断程度升高会促使收入从其他行业相对转移到由这些大企业主导的行业。通过这种方式，收入从小企业重新分配给大企业。

六　长期和短期的成本价格关系

上述成本价格关系是在短期基础上得到的。进入方程的参数仅有 m 和 n，这两个系数反映了垄断程度。从长期来看，这些系数可能但不一定会发生变化。如果 m 和 n 保持不变，价格的长期变化就仅反映了单位主要成本的长期变化。技术进步往往会降低单位主要成本。但设备和技术的变化对价格与单位主要成本比率的影响仅限于前者对垄断程度的影响①。另一种可能性前文已经提到，即垄断程度可能受间接成本和主要成本之间关系的影响。

应当注意的是，本文的整体方法与普遍接受的观点是矛盾的。人们通常认为，由于资本密集度提高，也就是单位产出的固定资本增加，价格与单位主要成本比率必然会持续提高。这一观点明显是基于如下假设，即间接成本和利润之和在长期与资本价值大致成比例变化。因此，资本相对产出增加被转换为更高的间接成本加上利润与收入之比，后者

---

①　这是由我们关于成本价格方程的假设所限定的，即单位主要成本不取决于设备利用率，而且生产能力没有达到上限。

相当于价格与单位主要成本比率的增加。

现在看来，利润加上间接成本相对资本价值可能会出现长期下降，结果是即使资本相对产出增加，价格与单位主要成本比率也可能保持不变。美国制造业 1899～1914 年的发展恰好说明了这一点（见表 5-1）。

表 5-1 美国制造业资本密集度和收入与主要成本比率
（1899～1914 年）

年份	实际固定资本与产出的比率（1899 年 = 100）	间接成本和利润与固定资本账面价值的比率（1899 年 = 100）	间接成本和利润与固定资本当前价值的比率（1899 年 = 100）	收入与主要成本比率（%）
1899	100	100	100	133
1904	111	95	96	133
1909	125	89	84	133
1914	131	80	73	132

数据来源：参见统计附录 Note 1。

从表 5-1 中可以看到，在这一时期固定资本相对产出持续增加，而收入与主要成本比率大致保持稳定。上述特征可以用利润加上间接成本相对固定资本价值（包括账面价值和当前价值）的比率下降来解释。

当然，前文提到的可能性依然存在，即由于资本密集度提高，间接成本相对主要成本增加可能导致垄断程度升高，因为有"保护"利润的倾向；但正如数据所表明的，这一倾向绝不是自动的，可能不会实现。

我们已经讨论了在将理论应用于长期现象时产生的某些问题。当这一理论被用于分析经济周期过程中的价格形成时，问题在于我们的方程在繁荣时期是否仍然适用。实际上，在繁荣时期，设备利用率可能会达到最高水平，因而在需求压力下，价格可能会超过我们方程所表明的水平。尽管如此，由于储备生产能力的可行性以及当瓶颈发生时增加设备数量的可能性，上述现象即使在繁荣时期也不会经常遇见。总的来说，上述现象似乎仅限于战争或战后时期，此时原材料和设备的严重短缺限制了供给（相对需求而言）。这种类型的价格上涨是战争或战后时期普遍出现通货膨胀的根本原因。

七　应用于美国制造业的长期变化

由于价格与单位主要成本比率等于总收入与总主要成本之比，因而可以根据美国制造业普查数据（1879～1937 年）对不同行业这一比率的变化进行经验分析，普查数据给出了不同行业的产出价值、原材料成本和工资总额。尽管如此，如前文所述，单个行业收入与主要成本比率的变化是由垄断程度的变化决定的，反映了该行业特定情况的变化。例如，大企业定价政策的变化可能导致该行业垄断程度的根本变化。出于这一原因，我们这里仅考虑制造业整体，根据产业状况的主要变化来解释收入与主要成本比率的变化。

我们关注的是美国制造业总收入与总主要成本之比。但问题在于，这一比率不仅反映了单一行业收入与主要成本比率的变化，还反映了单一行业在整体制造业中重要性的变动。出于这一原因，表 5－2 不仅给出了美国制造业的收入与主要成本比率，还给出了一个在不同时期各主要产业集团占总收入相对份额保持不变的假设下得到的估计比率①。两组数据之间的差异似乎并不显著。

表 5－2　美国制造业收入与主要成本比率（1879～1937 年）

单位：%

年份	原始数据	假定产业构成不变（1899 年为基年）
1879	122.5	124.0
1889	131.7	131.0
1899	133.3	133.3
1914	131.6	131.4

---

① 由于普查的范围和方法发生变化，为确保各普查年份数据大致具有可比性做出适当调整，参见统计附录 Note 2 和 Note 3。

续表

年份	原始数据	假定产业构成不变（1899 年为基年）
1923	133.0	132.7
1929	139.4	139.6
1937	136.3	136.8

数据来源：美国制造业普查数据。

可以看到，从 1879 年到 1889 年，收入与主要成本比率大幅增加。众所周知，这一时期标志着美国资本主义的一个变化，其特征是大型工业企业形成。因此，垄断程度在这一时期升高并不令人惊讶。

从 1889 年到 1923 年，收入与主要成本比率几乎没有变化。但在 1923～1929 年，这一比率又明显增加。这一时期垄断程度的升高部分是源于所谓的"商业革命"，即通过广告、销售代理等方式迅速引入促销手段；另一个因素是这一时期发生的间接成本相对主要成本的普遍增加。

或许有人会提出疑问，1929 年收入与主要成本比率的高水平是否至少部分地因为企业在繁荣时期达到了最大生产能力。但需要注意的是，1929 年的设备利用率并不比 1923 年高。从 1925 年和 1927 年的普查数据来看，1923～1929 年收入与主要成本比率的增加是渐进的。

从 1929 年到 1937 年，收入与主要成本比率表现为适度下降。这在很大程度上可以归因于工会力量的增强。

这里给出的解释都是尝试性的和粗略的。实际上，基于垄断程度变化来解释收入与主要成本比率的变化是经济史学家的任务，他们的研究有助于更加全面地了解不断变化的产业状况。

八　应用于大萧条时期的美国制造业和零售业

表 5-3 给出了 1929 年、1931 年、1933 年、1935 年和 1937 年美国制造业的收入和主要成本比率。此外，除了原始的收入与主要成本比

率，还给出了根据产出价值构成变化调整后的比率①。与前一节一样，两组数据的差异并不显著。同一时期美国消费品零售总额与成本的比率也是可得的。这一比率大致相当于零售贸易的收入与主要成本比率，参见表 5－3（没有给出根据销售构成调整后的数据）。

表 5－3　美国制造业和零售贸易的收入与主要成本比率（1929～1937 年）

单位：%

年份	制造业收入与主要成本比率		零售贸易收入与主要成本比率
	原始数据	假定产业构成不变：1929 年为基年	
1929	139.4	139.6	142.0
1931	143.3	142.2	144.7
1933	142.8	142.3	148.8
1935	136.6	136.7	140.8
1937	136.3	136.6	140.7

数据来源：美国制造业普查数据；B. M. Fowler, W. H. Shaw, "Distributive Costs of Consumption Goods," *Survey of Current Business*, 1942。

可以看到，在大萧条时期，收入与主要成本比率趋于增加；但考虑到 20 世纪 30 年代的萧条程度，这一变化是比较温和的。收入与主要成本比率增加可以归因于间接成本相对主要成本增加，这助长了保护利润的秘密协议，因而提高了垄断程度。1933～1937 年的经济复苏期出现了一个反向运动。尽管如此，就制造业而言，收入与主要成本比率明显下降到低于 1929 年的水平。如前一节所述，这可能是 1933～1937 年工会力量大幅增强的结果。

九　原材料价格波动

如本篇文章开头所述，初级品价格的短期变化在很大程度上反映了

---

① 根据普查范围和方法的变化做出适当调整，参见统计附录 Note 2 和 Note 3。

需求变化。因此，在衰退期初级品价格大幅下跌，在复苏期初级品价格大幅上涨。

众所周知，原材料价格的周期性波动相对工资更为明显。这一现象可以解释如下。即使工资保持不变，在经济萧条期由于"实际"需求下降，原材料价格也会下降。在经济萧条期，货币工资的削减永远赶不上原材料价格的下降，因为工资削减反过来会导致需求下降，继而初级品价格进一步下降。试想一下，由于实际需求下降，原材料价格下降了20%，随后工资也削减了20%。前文所阐述的价格形成理论表明，一般价格水平也将因此下降20%（垄断程度可能会有所提高，但不会太多）。但一般价格水平的下降将导致收入、需求以及原材料价格的相应下降。

表5-4比较了1929~1941年美国的原材料价格指数和小时工资指数。原材料价格与小时工资比率表现出长期下降趋势，这在一定程度上反映了劳动生产率的提高。即便如此，这一下降趋势也没有掩盖周期性模式，这一周期性模式尤其体现在1929~1933年和1937~1938年的两次明显衰退中。

表5-4 美国制造业、采矿业、建筑业和铁路业原材料价格指数和小时工资指数（1929~1941年）

年份	原材料价格	小时工资	原材料价格与小时工资比率
1929	100.0	100.0	100.0
1930	86.5	99.1	87.3
1931	67.3	94.5	71.2
1932	56.5	82.1	68.8
1933	57.9	80.9	71.6
1934	70.4	93.8	75.1
1935	79.1	98.0	80.7
1936	81.9	99.5	82.3

年份	原材料价格	小时工资	原材料价格与小时工资比率
1937	87.0	109.6	79.4
1938	73.8	111.1	66.4
1939	72.0	112.3	64.1
1940	73.7	115.7	63.7
1941	85.6	126.6	67.6

数据来源：美国商务部的《美国统计摘要》（*Statistical Abstract of the United States*）和《当代商业纵览》（Survey of Current Business）附录。

十　制成品价格形成

如前文所述，制成品的价格形成是产出每一阶段价格形成基于如下方程的结果：

$$\bar{p} = \frac{\bar{m}}{1 - \bar{n}} \bar{u} \qquad\qquad (5-2')$$

给定垄断程度，每一阶段的价格都与单位主要成本成比例。在产出的第一阶段，主要成本包括工资和初级品成本。下一阶段的价格是在前一阶段价格和当前阶段工资的基础上形成的，依此类推。因此，给定垄断程度，制成品价格一方面是初级品原材料价格的齐次线性函数，另一方面是产出各阶段工资成本的齐次线性函数。

由于经济周期过程中工资的波动比原材料价格的波动小得多（参见前一节），所以制成品价格的波动也往往比原材料价格的波动小得多。

至于不同种类的制成品价格，人们通常认为在经济萧条期投资品价格比消费品价格下降得更加厉害。在目前的理论中，这一观点并没有依据。甚至可能有某种推论，赞成消费品价格相对投资品价格会有所下降。初级品（包括食品在内）占消费品的比重可能比占投资品的比重更大，在萧条期初级品价格比工资下降得更多。

　　表5－5给出了美国1929～1941年的原材料、消费品（零售层面）和制成投资品的价格指数。可以看到，原材料价格的波动比制成消费品或制成投资品的价格波动大得多。

表5－5　美国原材料、消费品和投资品的价格指数（1929～1941年）

年份	原材料价格	消费品价格	投资品价格	投资品价格与消费品价格比率
1929	100.0	100.0	100.0	100.0
1930	86.5	95.3	97.2	102.0
1931	67.3	85.3	89.2	104.3
1932	56.5	75.0	80.3	107.1
1933	57.9	71.5	78.3	109.5
1934	70.4	75.8	85.8	113.2
1935	79.1	77.8	84.7	108.9
1936	81.9	78.5	87.3	111.2
1937	87.0	81.5	92.4	113.4
1938	73.8	79.6	95.8	120.4
1939	72.0	78.9	94.4	119.6
1940	73.7	79.8	96.9	121.4
1941	85.6	84.8	102.9	121.3

　　数据来源：美国商务部的《当代商业纵览》。

　　投资品价格与消费品价格比率呈明显上升趋势。尽管如此，从图5－2中这一比率的时间曲线可以明显看到，在1929～1933年和1937～1938年①的经济衰退期，这一比率的上升相比整个时期更为明显。另外，投资品价格与消费品价格比率尽管有明显的周期性波动，但幅度是相当小的。

---

　　①　在后一时期，这一现象似乎被特殊因素夸大了。

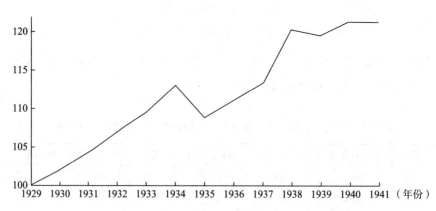

图 5 – 2　美国 1929 ~ 1941 年投资品价格与消费品价格比率

第六篇　国民收入分配

（1938 年和 1954 年）

一　工资占国民收入相对份额的决定因素

在本篇文章中，我们将前一篇文章所探讨的行业收入与主要成本比率，与该行业工资占增加值的相对份额相联系。增加值，即产出价值减去原材料成本，等于工资、间接成本和利润的总和。用 W 表示工资总额，M 表示原材料成本，总收入与总主要成本比率为 k，那么间接成本和利润之和就等于 $(k-1)(W+M)$，其中收入与主要成本比率 k 由垄断程度决定。工资占行业增加值的相对份额为：

$$\omega = \frac{W}{W + (k-1)(W+M)}$$

用 j 表示原材料成本与工资总额比率，即 $\dfrac{M}{W}$，可以得到：

$$\omega = \frac{1}{1 + (k-1)(j+1)} \tag{6-1}$$

由此可知，工资占增加值的相对份额由垄断程度和原材料成本与工资总额比率决定。

为单一行业确立的类似方程现在可以用于整体制造业。尽管如此，此时收入与主要成本比率和原材料成本与工资总额比率还取决于特定行业在整体制造业中的重要性。为了分离后一个因素，我们进行如下操作。方程（6-1）中 k 为收入与主要成本比率，j 为原材料成本与工资总额比率，我们用 k' 和 j' 替换 k 和 j 以消除特定行业重要性变化的影响。因此，方程（6-1）变化为：

$$\omega' = \frac{1}{1 + (k'-1)(j'+1)} \qquad (6-1')$$

通过上述方法得到的工资占增加值相对份额 ω' 将偏离实际的工资占增加值相对份额 ω，这是由增加值的产业构成变化造成的。

方程（6-1'）的参数中，k' 由制造业的垄断程度决定，j' 的决定因素要稍微复杂一些。原材料价格由初级品价格、较低生产阶段的工资成本以及这些阶段的垄断程度决定。因此，粗略来说，j'（等于单位原材料成本与单位工资成本比率）由初级品价格与单位工资成本比率和制造业的垄断程度决定①。综上所述，除了增加值的产业构成之外，制造业工资占增加值的相对份额由垄断程度和原材料价格与单位工资成本比率决定。垄断程度提高或者原材料价格相对单位工资成本上升都会导致工资占增加值的相对份额下降。

需要指出的是，与制成品价格不同，原材料价格是"需求决定的"。原材料价格与单位工资成本比率取决于由经济活动水平决定的原材料需求与供给之间关系，原材料供给在短期内是缺乏弹性的。

我们以与上述大致相同的方法考察一组比制造业更加广泛的行业，这些行业的价格形成模式可以假定为相似的，即制造业、建筑业、交通运输业和服务业。就这一组行业整体而言，工资占增加值的相对份额将随垄断程度或初级品价格与单位工资成本比率的升高而下降。当然，这一结果也会受到增加值产业构成变化的影响。

上述理论可以被一般化来描述工资占私营部门国民收入（即包含折旧的国民收入减去政府雇员收入）的相对份额。除了上述经济部门之

---

① 这一粗略的一般化基于两个简化假设：单位原材料成本和原材料价格成比例变化，也就是不考虑原材料利用效率变化；较低生产阶段的单位工资成本与较高生产阶段的单位工资成本成比例变化。

外,我们还需要考察农业和采矿业,通信和公用事业,贸易、房地产和金融业。在农业和采矿业中,产出是原材料,工资占增加值的相对份额主要取决于产出的原材料价格与单位工资成本比率。在其他行业,工资占增加值的相对份额可以忽略不计。由此可知,总的来说,垄断程度、原材料价格与单位工资成本比率以及产业构成①是工资占私营部门总收入相对份额的决定因素。

二 长期和短期的收入分配变化

如前文所述,无论是占制造业等产业集团增加值还是占整个私营部门总收入,工资相对份额的长期变化,都是由垄断程度、原材料价格与单位工资成本比率和产业构成的长期趋势决定的。长期来看,垄断程度有普遍提高趋势,因而压低了工资占国民收入的相对份额,尽管这一提高趋势在某些时期要比在其他时期强烈得多。但原材料价格与单位工资成本比率(取决于原材料供求关系的长期变化)或者产业构成很难一般化。因此,工资占国民收入相对份额的长期趋势不可能有一个先验推断。我们将在下一节中看到,1880 年之后美国制造业工资占增加值的相对份额大幅下降,而英国工资占国民收入的相对份额在 1881 ~ 1924 年保持稳定,尽管后者在这一时期表现出长期起伏。

在经济周期过程中,关于工资占国民收入相对份额的变化可以说得更具体一些。我们发现,在经济萧条期,垄断程度可能会有所提高,原材料价格相对工资可能会下降。前者的影响往往会降低工资占国民收入的相对份额,而后者的影响往往会提升工资占国民收入的相对份额。此外,在经济萧条期,产业构成变化会对工资相对份额产生不利影响。实际上,上述变化主要是由于投资相对其他活动减少,而投资品行业的工资占国民收入相对份额一般高于其他行业。(特别是在通信和公用事业,

---

① 需要指出的是,我们所说的产业构成指的是私营部门总收入的价值构成。因此,构成变化不仅取决于产业组成部分的数量变化,也取决于它们各自价格的相对变动。

贸易、房地产和金融业,工资支付相对不重要。)

这三个因素的变化对工资占国民收入相对份额的净影响似乎很小,第一个和第三个因素的影响是负的,第二个因素的影响是正的。因此,无论是占某一产业集团增加值还是占整个私营部门总收入,工资相对份额似乎都没有明显的周期性波动。

上述观点可以通过分析美国制造业工资占增加值和英国工资占国民收入相对份额的长期变化来佐证;也可以通过大萧条时期美国制造业工资占增加值相对份额的变化来佐证;还可以通过同一时期美国和英国工资占国民收入相对份额的变化来佐证。

三 美国制造业工资占增加值和英国工资占国民收入相对份额的长期变化

美国制造业工资占增加值相对份额的长期变化见表 6-1。其中,k' 表示"调整的"收入与主要成本比率,j' 表示"调整的"原材料成本与工资总额比率。[①] 由此,基于方程 (6-1') 可以得到"调整的"工资占增加值相对份额 ω'。另外,表 6-1 还给出了实际的工资占增加值相对份额 ω。ω 和 ω' 之间差值的变化表明了增加值产业构成变化的影响。

表 6-1 美国制造业工资占增加值的相对份额 (1879~1937 年)

单位:%

年份	假定产业构成不变,1899 年为基年			原始数据
	k'	j'	ω'	ω
1879	124.0	355	47.8	47.8
1889	131.0	297	44.8	44.6
1899	133.3	337	40.7	40.7

---

① "调整的"收入与主要成本比率 k' 同表 5-3 中一致。原材料成本与工资总额比率的原始值以及调整值见表 6-1,参见统计附录 Note 2 和 Note 3,其中包括根据普查范围和方法的变化而做出的调整。

年份	假定产业构成不变，1899 年为基年			原始数据
	k'	j'	ω'	ω
1914	131.4	341	41.9	40.2
1923	132.7	292	43.8	41.3
1929	139.6	311	38.1	36.2
1937	136.3	298	40.9	38.6

数据来源：美国制造业普查数据。

表 6-1 表明，尽管不是持续下降的，但美国制造业实际的工资占增加值相对份额在整个时期内出现了大幅下降。这一下降主要是由于"调整的"收入与主要成本比率 k' 增加，在我们的解释中这反映了垄断程度升高。"调整的"原材料成本与工资总额比率 j' 倾向于下降而不是上升，因而总的来说其变化减缓了 ω 的下降。此外，产业构成变化的影响降低了实际的工资占增加值相对份额 ω：事实上，ω 的下降幅度要大于 ω'。

关于工资占国民收入的相对份额，目前美国还没有长期数据，但这一数据在英国是可得的。

表 6-2 给出了英国工资占国内（home-produced）国民收入的相对份额[1]。表 6-2 还给出了绍尔贝克（Sauerbeck）批发价格指数与工资率指数的比率，这可以作为反映原材料价格与单位工资成本比率变化的近似指标。绍尔贝克批发价格指数是一个综合批发价格指数，主要基于原材料和制造业半成品的价格编制。的确，由于劳动生产率长期提高，工资率指数比工资成本指数上升得更快（或者下降得更慢），故而我们的原材料价格与单位工资成本比率有下降趋势。尽管如此，这一趋势可

---

① 国内国民收入指的是不包括外国投资收入的国民收入，与这里所考虑的分配问题不相关。需要注意的是，在经过调整之后，数据并不完全符合我们的想法，因为它们涉及的是国民收入净额而不是国民收入总额，而且国民收入还包括政府雇员收入，但我们处理的是工资占私营部门国民收入的相对份额。尽管如此，似乎这些因素不会严重影响工资占国民收入相对份额的趋势。

能是缓慢的，特别是因为工资率指数部分地基于计件工资率。因此，从1881～1885 年至 1891～1895 年，原材料价格与单位工资成本比率很可能下降，正如表中数据所表明的。当然，这一指标从 1896～1900 年至1911～1913 年有所上升，从 1911～1913 年至 1924 年又再次下降。

表 6－2 英国工资占国内国民收入的相对份额（1881～1924 年）

时期	相对份额（%）	绍尔贝克批发价格指数与工资率指数的比率 （1881 年 = 100）
1881～1885 年	40.0	93.6
1886～1890 年	40.5	80.8
1891～1895 年	41.7	73.5
1896～1900 年	40.7	70.6
1901～1905 年	39.8	72.4
1906～1910 年	37.9	78.3
1911～1913 年	37.1	82.1
1924 年	40.6	69.6

数据来源：A. R. Prest, "National Income of the United Kingdom," *Economic Journal*, March 1948；F. Hilgerdt, "Unpublished Estimates of K Income from Overseas," *Statist*；A. L. Bowley, *Wages and Income in the United Kingdom Since* 1860（Cambridge University Press, 1937），p. 6, Table 1。

劳动（工资）占国民收入相对份额的变化似乎可以解释如下。虽然垄断程度长期提高，但其影响在很大程度上被从 1881～1885 年至1891～1895 年原材料价格与单位工资成本比率的下降所抵消。从 1896～1900 年到 1911～1913 年原材料价格与单位工资成本比率的上升增强了垄断程度的影响，最终从 1911～1913 年至 1924 年原材料价格与单位工资成本比率的下降又抵消了垄断程度的影响。因此，1924 年与 1881～1885 年相近的工资占国民收入相对份额这一事实是垄断程度变化和原材料价格与单位工资成本比率变化偶然平衡的结果。遗憾的是，这一解释不能被视为结论性的，因为国民收入的产业构成变化可能会产生影响。

四　大萧条时期美国制造业工资占 增加值相对份额的变化

采用和分析长期变化相同的方法，表 6 - 3 给出了大萧条时期美国制造业工资占增加值相对份额的变化。

表 6 - 3　美国制造业工资占增加值的相对份额 （1929～1937 年）

单位：%

年份	假定产业构成不变，1929 年为基年			原始数据
	k'	j'	ω'	ω
1929	139. 4	346	36. 2	36. 2
1931	142. 2	307	36. 8	35. 7
1933	142. 3	312	36. 4	35. 0
1935	136. 7	314	39. 7	37. 9
1937	136. 6	331	38. 8	38. 6

数据来源：美国制造业普查数据，参见统计附录 Note 2 和 Note 3。

暂时不考虑产业构成变化的影响，只考虑 k'、j' 和 ω'，情况如下。从 1929 年到 1933 年，"调整的"收入与主要成本比率 k' 增加，这反映了大萧条时期垄断程度的升高。但与此同时，由于原材料价格相对工资下降，这是经济萧条的典型表现，"调整的"原材料成本与工资总额比率下降。这两个因素对"调整的"工资占增加值相对份额 ω' 的影响是相反的。由于 ω' 在 1929～1933 年保持相对稳定，这两个因素的影响似乎相互抵消了。从 1933 年到 1937 年，由于"调整的"收入与主要成本比率 k' 下降，但这一影响没有被"调整的"原材料成本与工资总额比率 j' 的上升所抵消，结果是"调整的"工资占增加值相对份额 ω' 增加。这一情况反映了在经济复苏期工会力量增强所导致的垄断程度大幅下降。原材料价格相对工资成本下降的长期趋势是一个重要因素，这反映为 1937 年的 j' 没有恢复到其 1929 年的水平。

至于实际的和"调整的"的工资占增加值相对份额之间的差额，即 $\omega - \omega'$，似乎在大萧条时期有所下降（从 1929 年到 1933 年，ω 有所下降，ω' 保持大致稳定；从 1933 年到 1937 年，ω 相对 ω' 略微增加）。这主要是因为在经济衰退期投资品产出比制造业总产出降幅更大。实际上，投资品的工资占增加值相对份额高于整体制造业制成品，因而萧条期投资品产出重要性的减弱往往会降低工资占整体制造业增加值的相对份额。

确定经济周期中上述三个因素如何决定工资占增加值相对份额的变化是有意义的。出于这一目的，我们根据方程（6 - 1'）计算仅有收入与主要成本比率发生变化而原材料成本与工资总额比率保持在 1929 年水平时，1933 年的 ω' 会是多少。结果是 34.6%。这一数值以及 1929 年和 1933 年的 ω、1933 年的 ω'，使我们得以构建表 6 - 4。

表 6 - 4　美国制造业工资占增加值相对份额变化（1929 ~ 1933 年）

指标	相关年份			
收入与主要成本比率	1929	1933	1933	1933
原材料成本与工资总额比率	1929	1929	1933	1933
产业构成	1929	1929	1929	1933
工资占增加值相对份额（%）	36.2	34.6	36.4	35.0

表 6 - 4 中，34.6% 和 36.2% 的差值是收入与主要成本比率变化的影响；36.4% 和 34.6% 的差值是原材料成本与工资总额比率变化的影响；35.0% 和 36.4% 的差值是产业构成变化的影响。

可以看到，这三个因素的影响都相对较小。它们总的影响也较小，这解释了大萧条时期工资占增加值相对份额保持稳定的原因。

五　大萧条时期美国和英国工资占国民收入相对份额的变化

遗憾的是，关于工资占国民收入相对份额，美国没有精确数据，因

为美国的国民收入统计没有将工资和薪酬分开。尽管如此，关于 1929～
1937 年工资占私营部门总收入相对份额的变化可以有一个大致判断。
制造业的工资数据是可得的。[①]如前文所述，一些产业集团的工资支付
可以忽略不计，如贸易（店员被归为薪酬收入者）、金融业、房地产行
业、通信和电信行业以及公用事业。其他行业，如农业、采矿业、建筑
业、交通运输业和服务业，工资和薪酬是混在一起的。如果我们一方面
计算制造业的工资加权指数，另一方面计算农业、采矿业、建筑业、交
通运输业及服务业的工资和薪酬加权指数，就可以得到工资总额指数的
一个粗略估计。（实际上，制造业的工资约占整体工资总额的一半，其
余行业的薪酬在某种程度上与工资同步变动。）我们进一步将工资总额
指数除以私营部门总收入指数，从而得到工资占收入相对份额的近似，
见表 6－5。

表 6－5　美国工资占私营部门总收入相对份额的近似（1929～1937 年）

年份	相对私营部门总收入指数		
	制造业工资指数	农业、采矿业、建筑业、交通运输业及服务业工资和薪酬指数	工资总额指数（粗略估计）
1929	100. 0	100. 0	100. 0
1930	94. 1	105. 3	99. 7
1931	90. 8	109. 5	100. 1
1932	87. 6	113. 9	100. 8
1933	100. 2	109. 3	104. 8
1934	107. 8	102. 7	105. 3
1935	106. 7	96. 2	101. 5
1936	110. 8	99. 3	105. 1
1937	116. 4	96. 7	106. 6

数据来源：美国制造业普查数据；Department of Commerce, *National Income Supplement to Survey of Current Business* (1951)；参见统计附录 Note 4。

[①]　所有年份的工资支出都可得；它与美国制造业普查的年份是一致的。

数据表现出一个缓慢上升的长期趋势，这主要归因于 1933 年以后工会力量增强导致的垄断程度下降，以及某种程度上原材料价格相对工资成本下降。周期性波动明显很小。（如果剔除农业、采矿业、建筑业、交通运输业和服务业的薪酬，那么工资相对份额在大萧条时期要低一些，因为一般而言薪酬的下降幅度小于工资；但毋庸置疑的是，周期性波动仍然很小。）这一结果极有可能归功于此前所讨论因素的相互作用，这些因素源自对工资占制造业增加值相对份额的分析。

在大萧条时期，"支付工资"行业的垄断程度可能有所提高，但原材料价格相对工资有所下降。在衰退期，私营部门的产业构成变化往往会降低工资相对份额。实际上，国民收入分配发生了相对变动，从"支付工资"行业转向其他行业；在"支付工资"行业内部，从工资占国民收入相对份额较高的行业转向相对份额较低的行业。这些变化主要归因于萧条期投资活动的相对大幅减少。因此，与制造业一样，萧条期垄断程度提高和产业构成变化对工资占私营部门总收入相对份额的不利影响似乎已经被原材料价格相对工资下降的影响大致抵消。

我们现在探讨 1929～1938 年英国工资占国内国民收入的相对份额[①]。这一时期的国民收入序列有两个：一个是鲍利（A. L. Bowley）估计的，另一个是斯通（J. R. S. Stone）估计的。但仅有鲍利估计了工资总额。幸运的是，在所考察的时期内，这两个国民收入序列的变化大体上是非常相似的，尽管绝对值有所差异。

表 6-6 给出了工资总额与这两个国民收入比率的指数。可以看到，这两组指数都没有明显的周期性波动。

---

① 如前文所述，英国国内国民收入数据并不完全符合我们所使用的私营部门总收入概念，因为国民收入是扣除折旧后的净收入，而且包括政府公务员的薪酬。但在所考察的时期内，上述界定的工资占国民收入相对份额的变化似乎表现出与我们的概念相一致的变化。

表6-6　英国工资占国民收入相对份额的变化（1929～1938年）

年份	工资总额（鲍利）/ 国民收入（鲍利）	工资总额（鲍利）/ 国民收入（斯通）
1929	100.0	100.0
1930	97.6	100.0
1931	98.4	98.8
1932	99.8	99.1
1933	95.3	96.8
1934	96.9	98.5
1935	96.8	98.0
1936	96.7	97.5
1937	102.4	97.9
1938	98.1	97.4

数据来源：A. L. Bowley, *Studies in the National Income* (Cambridge University Press, 1942)；A. R. Prest, "National Income of the United Kingdom," *Economic Journal*, March 1948；*Board of Trade Journal*。

六　工资和薪酬占私营部门总收入相对份额的周期性变化

前文我们仅讨论了工资占总收入相对份额的变化。现在我们简要探讨整体劳动所得占私营部门总收入的相对份额，不仅要考虑工资，还要考虑薪酬。由于经济日益集聚，薪酬在间接成本和利润的总和中变得越来越重要，将收入分配理论应用于分析工资和薪酬占总收入相对份额的长期变化是困难的。尽管如此，工资和薪酬占私营部门总收入相对份额的周期性波动是值得探讨的，而且是非常有意义的。

从前文可以看到，工资占私营部门总收入的相对份额在经济周期中往往是相当稳定的。尽管如此，不能期望工资和薪酬的相对份额也是如此。由于其"间接成本"特征，薪酬相对工资在萧条期可能下降幅度较小，在繁荣期上涨幅度也较小。因此，相对"实际"私营部门总收入 Y，可以预期"实

际"工资和薪酬总额 V 在经济周期中波动较小。V 和 Y 的关系为：①

$$V = \alpha Y + B$$

其中，B 在短期内为正的常数，受长期变化影响；系数 α 小于 1，因为 V 小于 Y 且 B 大于 0。方程两边同除以 Y，可以得到：

$$\frac{V}{Y} = \alpha + \frac{B}{Y} \qquad (6-2)$$

$\frac{V}{Y}$ 即工资和薪酬占私营部门总收入的相对份额。当"实际"收入 Y 下降时，$\frac{V}{Y}$ 增加。需要注意的是，方程（6-2）构成了下述经济周期理论的一个联系。

我们将方程（6-2）应用于 1929~1941 年的美国数据。表 6-7 给出了按 1939 年价格②计算的私营部门总收入以及工资和薪酬③占私营部门总收入的相对份额。根据方程（6-2），我们将工资和薪酬占私营部门总收入的相对份额 $\frac{V}{Y}$ 与"实际"收入的倒数 $\frac{1}{Y}$ 以及时间 t（代表可能的长期趋势，从 1935 年开始计数，1935 年为时期的中间点）进行回归，得到如下结果，样本相关系数为 0.926：

$$100\,\frac{V}{Y} = 42.5 + \frac{707}{Y} + 0.11t$$

表 6-7　美国工资和薪酬占私营部门总收入的相对份额（1929~1941 年）

年份	工资和薪酬占私营部门总收入的相对份额（%）	私营部门总收入（1939 年价格，10 亿美元）	工资和薪酬占私营部门总收入相对份额的估计值（%）
1929	50.0	74.1	51.0

---

① 我们假定工资和薪酬总额以及私营部门总收入都以相同的价格指数来平减。
② 美国商务部在私营部门实际总产出中隐含地使用了相同的价格平减指数，参见统计附录 Note 5 和 Note 6。
③ 需要注意的是，薪酬包括那些更高级经理的收入，其与利润是非常相似的。

年份	工资和薪酬占私营部门 总收入的相对份额 （%）	私营部门总收入 （1939 年价格， 10 亿美元）	工资和薪酬占私营部 门总收入相对份额的 估计值（%）
1930	52.4	65.9	52.6
1931	55.0	59.3	54.1
1932	57.9	48.0	57.0
1933	57.8	46.9	57.1
1934	56.0	51.9	55.8
1935	52.7	57.7	54.5
1936	53.4	65.5	53.2
1937	53.3	69.0	52.6
1938	53.2	64.3	54.2
1939	53.5	68.8	53.6
1940	52.1	75.9	52.3
1941	51.4	89.6	51.0

数据来源：Department of Commerce，*National Income Supplement to Survey of Current Business*（1951）。

回归中得到的工资和薪酬占私营部门总收入相对份额$\frac{V}{Y}$的估计值见表 6 - 7。正相关趋势可能反映了垄断程度下降和原材料价格相对单位工资成本下降的影响。

第七篇　利润决定因素

（1933 年和 1954 年）

一　利润理论：简化模型

我们首先考虑一个政府支出和税收都忽略不计的封闭经济中的利润决定因素。国民总产出等于总投资（包括固定资本和存货）和消费之和。由于没有税收，国民总产出将在工人和资本家之间分配。工人收入包括工资和薪酬，资本家收入或总利润包括折旧和未分配利润、股息以及从非法人企业中提取的款项、租金和利息。因此，国民总产出的资产负债表如下，其中区分了资本家消费和工人消费：

总利润	总投资
工资和薪酬	资本家消费
	工人消费
国民总产出	国民总产出

我们额外假设工人不储蓄，那么工人消费就等于他们的收入。由此可知：

$$总利润 = 总投资 + 资本家消费$$

这一等式的重大意义是什么？这意味着一定时期的利润决定了资本家的消费和投资，还是相反？这一问题的答案取决于这些项目中哪一项直接由资本家决定。显然，资本家可以决定在某一时期比前一时期更多地消费和投资，但他们不能决定赚取更多的利润。因此，资本家的投资和消费决定了利润，而不是相反。

如果所考察的时期很短，我们就可以说资本家的投资和消费是由过去形成的决策所决定的。投资决策的实施需要一定时间，而且资本家消费对其影响因素变化的反应具有一定延迟。

如果资本家总是决定将前一时期的收入用于当前时期的消费和投资，那么当前时期的利润将与前一时期的利润相等。在这种情况下，利润会保持不变，解释上述等式就失去其重大意义。然而事实并非如此。尽管前一时期的利润是资本家消费和投资的重要决定因素之一，但通常资本家在当前时期并不是恰好消费和投资他们前一时期的收入。这解释了为什么利润不是稳态的，而是随时间波动的。

上述观点需要一定的限定性条件。由于未预期的积累或存货消耗，过去的投资决策可能无法完全决定当前时期的投资数量。尽管如此，上述因素的重要性似乎经常被夸大。

另一个限定性条件源于如下事实，即消费和投资决策通常是基于不变价格（in real terms）做出，但与此同时价格可能会发生变化。例如，某 资本设备的价格可能比做出购买决策时更高。为了克服这一问题，假定方程两边都是按不变价格计算的。

我们可以得出如下结论：短期内的实际总利润由资本家过去的消费和投资决定，因存货的未预期变化而调整。

为了理解所探讨的问题，从一个稍微不同的视角来表述是有益的。基于马克思的"扩大再生产"，我们将经济划分为三个部门：部门 I 生产投资品，部门 II 生产资本家消费品，部门 III 生产工人消费品。部门 III 的资本家在向工人出售与其工资相等的消费品之后仍有剩余，这一剩余相当于部门 III 资本家的利润。这些剩余消费品将卖给部门 I 和部门 II 的工人，由于工人不储蓄，这些剩余消费品的价值将等于部门 I 和部门 II 的工人收入。因此，总利润将等于部门 I 和部门 II 的利润以及这两个部门的工资之和；换言之，总利润将等于部门 I 和部门 II 的产出价值，即投资品部门和资本家消费品部门的产出价值。

给定各个部门利润和工资之间的分配，部门 I 和部门 II 的产出也将决定部门 III 的产出。部门 III 的产出将达到如下水平，即从产出中赚取的利润等于部门 I 和部门 II 的工资。或者也可以这样说，部门 III 的就业和产出将达到如下水平，即超过本部门工人用他们的工资所购买商品的剩余产出等于部门 I 和部门 II 的工资。

上文阐明了"分配因素"的作用，即利润理论中决定收入分配的因素（如垄断程度）。既然利润由资本家的消费和投资决定，那么工人收入（在这里等于工人消费）就是由"分配因素"决定的。通过这种方式，资本家的消费和投资与分配因素相结合决定了工人消费，继而决定了国民总产出和就业。国民总产出将达到如下水平，即根据分配因素所确定的利润等于资本家的消费和投资之和。①

二 一般情况（一）

我们现在从简化模型转到经济不是一个封闭体系、政府支出和税收也不是忽略不计的现实情况。国民总产出等于总投资、消费、政府的商品和服务支出以及对外贸易盈余的总和。（这里的"投资"指私人投资，公共投资包含在政府的商品和服务支出中。）由于总产出在资本家和工人之间分配，或者以税收的形式支付，从收入来看国民总产出等于税后总利润、税后的工资和薪酬再加上所有的直接税和间接税。因此，国民总产出的资产负债表如下：

| 税后总利润 | 总投资 |

---

① 上述观点建立在本书第一部分的弹性供给假设基础之上。如果工人消费品的产出处于最大生产能力，资本家消费或投资的任何增加就都只会导致工人消费品价格的上涨。在这种情况下，工人消费品价格的上涨将使部门 III 的利润增加到如下水平，即部门 III 的利润等于更高的部门 I 和部门 II 工资。实际工资将下降，这反映了增加的工资总额与不变的消费品供给相遇的事实。

税后的工资和薪酬	对外贸易盈余
直接税和间接税	政府的商品和服务支出
	资本家消费
	工人消费
国民总产出	国民总产出

部分税收被用于社会福利等转移支付，其余税收用于政府的商品和服务支出。我们在资产负债表的两边同时减去不包含转移支付的税收。从收入来看，"税收"项将消失，我们将转移支付划给工资和薪酬。另外，政府的商品和服务支出与不包含转移支付的税收之间的差额为预算赤字。因此，资产负债表如下：

税后总利润	总投资
税后的工资和薪酬以及转移支付	对外贸易盈余
	预算赤字
	资本家消费
	工人消费
国民总产出减去税收	国民总产出减去税收
加上转移支付	加上转移支付

资产负债表的两边减去税后的工资和薪酬以及转移支付，得到如下等式：

$$
税后总利润 = \begin{cases} 总投资 \\ +\,对外贸易盈余 \\ +\,预算赤字 \\ -\,工人储蓄 \\ +\,资本家消费 \end{cases}
$$

与简化模型方程中仅有总投资相比，上述方程是投资加上对外贸易盈余加上预算赤字减去工人储蓄。显然，如果假设预算和对外贸易都是平衡的，而且工人不储蓄，那么此前的关系仍然成立，也就是税后总利润＝总投资＋资本家消费。即便做了上述假设，这一体系也要比简化模型更加现实，而且前一节的所有观点仍然适用。尽管如此，必须记住的是，我们现在讨论的是税后总利润，而在简化模型中没有税收问题，因为税收被假设为忽略不计的。

三　储蓄和投资

我们在资产负债表的两边同时减去资本家消费，再加上工人储蓄，可以得到：

资本家储蓄	总投资
工人储蓄	对外贸易盈余
	预算赤字
总储蓄	总储蓄

因此，总储蓄等于私人投资、对外贸易盈余和预算赤字的总和，而资本家储蓄当然等于这一总和减去工人储蓄。

假定预算和对外贸易都是平衡的，可以得到：

$$总储蓄 = 总投资$$

如果再假定工人不储蓄，可以得到：

$$资本家储蓄 = 总投资$$

这一方程等价于总利润＝总投资＋资本家消费，因为方程两边都减去资本家消费就可以得到上述方程。

应当强调的是，总储蓄与总投资＋对外贸易盈余＋预算赤字之间的等式（或者特殊例子中总储蓄和总投资的等式）在任何情况下都是成立的。尤其是这一等式独立于利率水平，而在经济理论中利率被普遍认为是平衡新资本供求的因素。在当前的构想中，投资一旦实施，它就会自动向储蓄提供融资所需的资金。实际上，在简化模型中，给定时期的利润是该时期资本家消费和投资的直接结果。如果投资增加一定数额，那么来自利润的储蓄也会增加。

70

更具体来说，如果一些资本家通过使用他们的流动储备来增加投资，其他资本家的利润就会相应增加，被用于投资的流动储备会转移到后者手中。如果额外投资是由银行信贷融资的，那么这些额外支出将导致等量储蓄的利润积累为银行存款。因此，投资资本家会发现，可以发行同等数量的债券，并将之用于偿还银行信贷。

上述思考的一个重要结果是利率并不由新资本的需求和供给决定，因为投资"自我融资"（finances itself）。决定利率水平的因素将在本书第三部分探讨。

四　对外贸易盈余和预算赤字的影响

接下来探讨政府预算平衡、对外贸易平衡以及工人储蓄为零这些假设的影响，这些假设使我们的观点可以建立在税后总利润与总投资和资本家消费之和相等的基础之上。尽管如此，探讨对外贸易盈余和预算赤字对利润影响的重大意义是有益的。

如前文所述，税后总利润等于总投资 + 对外贸易盈余 + 预算赤字 - 工人储蓄 + 资本家消费。由此可知，如果其他组成部分不变，那么对外贸易盈余增加会相应地提高利润水平。这里所涉及的机制与前文所描述的机制是一样的。出口部门产出增量的价值被解释为该部门利润和工资的增加，但工资将支出在消费品上。因此，工人消费品的产出将扩张至如下水平，此时工人消费品产出的利润将增加与出口部门的额外工资相等的数量①。

由此可知，对外贸易盈余使利润增加至高于资本家投资和消费所决定的水平。我们可以从这一视角来审视对外国市场的争夺。如果能从其他国家夺取外国市场，某一国家的资本家就能以其他国家的资本家为代

---

① 如果工人消费品的产出达到最大生产能力，那么这些消费品的价格将上升至如下水平，此时工人消费品产出的利润将增加与出口部门的额外工资相等的数量（见前一个注解）。

价来增加自己的利润。同样，殖民大都市可以通过对其属地的投资来实现对外贸易盈余。①

预算赤字的影响与对外贸易盈余的影响相类似。预算赤字同样允许利润增加至高于私人投资和资本家消费所决定的水平。某种意义上，预算赤字可以被视为人为的对外贸易盈余。在对外贸易盈余的情况下，某一国家的出口所得高于进口支出。在预算赤字的情况下，私营部门从政府支出中获得的收入高于其支付的税收。与对外贸易盈余相对应的是外国对所考察国家的债务增加。与预算赤字相对应的是政府对私营部门的债务增加。这两种收入超过支出的盈余都以相同的方式产生利润。

上文清楚地表明"外部"（包括那些由预算赤字造成的）市场对资本主义经济的重要性。如果没有这一市场，那么利润会受到资本家消费能力或承担资本投资能力的制约。正是对外贸易盈余和预算赤字使资本家能够在他们自己的商品和服务购买之外获取利润。

"外部"利润和帝国主义之间的联系是显而易见的。争夺现有外国市场份额和扩张殖民帝国，为资本出口以及与之相伴的商品出口提供了新机遇，可以被视为"外部"利润的典型来源，其动机是获取对外贸易盈余。通常由预算赤字融资的军备和战争也是这一"外部"利润的来源之一。

五　简化假设下的利润和投资

前文已经指出，资本家的投资和消费是由过去的决策决定的。投资决策的决定因素相当复杂，我们将在第十篇文章中探讨。这里关注资本家消费的决定因素。

① 某一国家的对外贷款不需要与该国的商品出口挂钩。如果 A 国贷款给 B 国，那么 B 国可以把贷款的收入支出在 C 国，这可能会增加 C 国的黄金或外国流动资产存量。在这种情况下，A 国对外贷款将导致 C 国的对外贸易盈余，伴随着 C 国的黄金或外国流动资产积累。对于殖民属地，这一情况不太可能出现，也就是说被投资的数量通常会支出在大都市。

我们对某一年度"实际"资本家消费 C_t 做出如下假设，一个合理的初步近似，C_t 包括不变的部分 A 以及与此前实际利润 $P_{t-\lambda}$ 成比例的部分：

$$C_t = qP_{t-\lambda} + A \tag{7-1}$$

λ 表示资本家消费对其收入变化反应的延迟。q 为正且小于 1，因为资本家往往只消费收入增量的一部分。实际上，这一部分可能非常小，从而 q 可能远小于 1。此外，A 在短期是常数，尽管受长期变化影响。假定对外贸易和政府预算都是平衡的，工人不储蓄。在这种情况下，税后利润 P 等于投资 I 与资本家消费 C 之和：

$$P = C + I \tag{7-2}$$

用方程（7-1）中的 C_t 替换可以得到：

$$P_t = I_t + qP_{t-\lambda} + A \tag{7-3}$$

由此可知，t 时期的"实际"利润由当前时期的投资和 $t-\lambda$ 时期的利润决定。$t-\lambda$ 时期的利润则由该时期的投资和 $t-2\lambda$ 时期的利润决定，依此类推。显然，t 时期的利润是 t、$t-\lambda$、$t-2\lambda$ 等时期投资的一个线性函数，投资 I_t、$I_{t-\lambda}$、$I_{t-2\lambda}$ 等的系数分别为 1、q、q^2 等。如前文所述，q 小于 1 且可能远小于 1。因此，系数序列 1、q、q^2……是快速递减的，结果是 I_t、$I_{t-\lambda}$、$I_{t-2\lambda}$……中只有那些相对较近时期的投资才能进入利润 P_t 的决定中。利润是当前投资和近期投资的函数；或者粗略来说，投资带来的利润是有时滞的。近似方程如下，其中 ω 是所涉及的时滞：

$$P_t = f(I_{t-\omega}) \tag{7-4}$$

函数 f 的形式确定如下。将方程（7-4）的 P_t 代入方程（7-3）可以得到：

$$f(I_{t-\omega}) = I_t + qf(I_{t-\omega-\lambda}) + A$$

对于任何时期的投资 I_t 而言，这一方程都应该满足。因此，这一方程应包括一段时期内投资保持稳定水平的情况，从而 $I_t = I_{t-\omega} = I_{t-\omega-\lambda}$。

由此可知：

$$f(I_t) = I_t + qf(I_t) + A$$

$$f(I_t) = \frac{I_t + A}{1 - q}$$

当等式对于任何 I_t 都满足时，函数 f 的形式就确定了。方程（7-4）变化为：

$$P_t = \frac{I_{t-\omega} + A}{1 - q} \qquad\qquad (7-4')$$

考虑到资本家消费取决于过去的利润，正如方程（7-1）所示，方程（7-4'）的重大意义在于它减少了利润决定因素的数量，从2个变为1个。方程（7-4'）中，利润完全由具有一定时滞的投资决定。此外，投资取决于更早以前的投资决策。由此可知，利润是由过去的投资决策决定的。

方程（7-4'）的解释可能会产生一定困难。在对外贸易平衡和政府预算平衡以及工人不储蓄的假设下，投资等于资本家储蓄。从方程（7-4'）可知，资本家储蓄"导致"利润。这一结果可能显得自相矛盾。"常识"告诉我们相反的顺序，即储蓄是由利润决定的。但事实并非如此。一定时期内的资本家消费是基于过去利润所做决策的结果。由于利润在此期间通常会发生变化，因而实际储蓄与预期的收入处置并不一致。实际上，等于投资的实际储蓄将如方程（7-4'）所示"导致"利润。下面的例子可以说明这是如何发生的。设想一下，一定时期内的投资、储蓄和利润都是不变的，投资突然增加，储蓄将和投资一起立即增加，利润也将增加相同的数量。但利润初步增加之后，资本家消费只有在一段时间之后才会上升。因此，在投资和储蓄的增加已经停止之后，利润仍将继续增加。

六　一般情况（二）

如果我们不假设对外贸易平衡、政府预算平衡以及工人储蓄为零，那么方程（7-4′）将如何变化？将私人投资、对外贸易盈余和预算赤字之和用 I' 表示，工人储蓄为 s，资本家消费仍为 C，那么利润方程为：

$$P = I' - s + C$$

就一般情况而言，方程（7-4′）变化为：

$$P_t = \frac{I'_{t-\omega} - s_{t-\omega} + A}{1-q} \tag{7-4″}$$

实际上，方程（7-4′）是由资本家消费与利润之间的关系即方程（7-1）以及假定投资 I 等于利润与资本家消费之差得到的。当这一差值变为 $I'-s$ 时，这一项替换了方程（7-4′）的投资 I。

方程（7-4″）可以用一个更简单但近似的方程来替代。应当记住的是，总储蓄等于投资、对外贸易盈余和预算赤字之和，即 I'。进一步，尽管一般而言工人储蓄不等于零，但与总储蓄相比，工人储蓄的水平和绝对变化是很小的。此外，在经济周期中，s 与总储蓄显著相关。（这是从下一篇文章将要探讨的利润和国民收入之间关系得到的。）因此，$I'-s$ 与 I' 高度相关。我们可以得到如下近似：

$$P_t = \frac{I'_{t-\omega} + A'}{1-q'} \tag{7-4‴}$$

其中，从 q 到 q' 和 A 到 A' 的参数变化反映了 $I'_{t-\omega}$ 的线性函数替代了 $I'_{t-\omega} - s_{t-\omega}$。应当记住的是，$q$ 是表明利润增量的某一部分被用于消费的参数，常数 A 是资本家消费的固定部分，短期内不变，受长期变化影响。q' 和 A' 还反映了工人储蓄和总储蓄之间关系，总储蓄等于 I'。

方程（7-4‴）优于方程（7.4″）之处在于，前者可以被统计性描述。这一点对于方程（7-4″）来说几乎是不可能的，因为缺少关于工人储蓄 s 的统计数据。

七 统计性描述

我们将方程（7-4‴）应用于 1929~1940 年的美国数据。表 7-1

给出了"实际"税后总利润 P[①] 和 I'。与其基本概念相比，I' 的含义略有改变。除了总投资、对外贸易盈余和预算赤字外，I' 还包括经纪费用（brokerage fees）。在美国的统计数据中，经纪费用包含在消费中。但由于经纪费用是一种典型的资本支出，与收入关系不大，这里将之与投资同等看待是恰当的。使用隐含在私营部门总产出平减中的价格指数作为 P 和 I' 的平减指数。[②]

表 7 - 1 美国的利润决定因素 (1929 ~ 1940 年，1939 年不变价格)

单位：10 亿美元

年份	税后总利润 P_t	总投资、对外贸易盈余、预算赤字以及经纪费用		估计的税后总利润
		I'_t	$I'_{t-\frac{1}{4}}$	
1929	33.7	14.2	13.7	33.2
1930	28.5	10.2	11.2	29.6
1931	24.5	5.5	6.7	23.3
1932	18.3	3.2	3.8	19.2
1933	17.6	3.4	3.3	18.2
1934	20.4	6.0	5.3	20.6
1935	24.4	8.4	7.8	23.7
1936	26.8	11.6	10.8	27.5
1937	27.9	10.8	10.6	26.9
1938	26.2	9.0	9.5	25.2
1939	28.1	12.9	11.9	28.2
1940	31.0	15.9	15.1	32.2

数据来源：Department of Commerce, *National Income Supplement to Survey of Current Business* (1951)。

在确定 P 和 I' 的相关性之前，需要确定时滞 ω。P 和 I' 之间关系似乎也涉及某种趋势，这使得情况变得复杂。为了克服上述困难，通过一

---

① P 由总利润减去所有的直接税得到。在所考察期间，对工资和薪酬的直接税非常小。
② P 和 I' 的计算参见统计附录 Note 7 和 Note 8。

阶差分 ΔP 和 $\Delta I'$ 来近似地消除趋势的影响。从一阶差分的相关性来看，似乎 3 个月左右的时滞是最佳拟合。

基于此，考虑 P 和 $I'_{t-\frac{1}{4}}$ 之间的相关性，也就是通过插值的方法使用 3 个月前的 I' 数据。$I'_{t-\frac{1}{4}}$ 通过某一年度前三个季度的数据以及前一年度最后一个季度的数据得到。考虑到趋势的影响，将 P 和 $I'_{t-\frac{1}{4}}$ 以及时间 t （从 1935 年开始计数）进行回归。回归结果如下：

$$P_t = 1.34 I'_{t-\frac{1}{4}} + 13.4 - 0.13t$$

表 7-1 也给出了税后总利润的估计值与实际值之间的比较。P 和 $I'_{t-\frac{1}{4}}$ 高度相关，样本相关系数为 0.986。

如果工资和薪酬不被储蓄，方程（7-4″）中 $I'_{t-\frac{1}{4}}$ 的系数就等于 $\dfrac{1}{1-q}$。由此可以得到 q，它表明利润增量中直接用于消费的比率：

$$\frac{1}{1-q} = 1.34 ; q = 0.25$$

这意味着仅有 25% 的额外利润会被用于消费，75% 用于储蓄。实际上，q 要更大一些，因为部分储蓄来自劳动收入。尽管如此，q 不太可能会大大超过 30%。

趋势项系数是负的，这可能主要是大萧条的结果，20 世纪 30 年代的利润远低于此前十年的利润，利润的这一长期下降导致常数 A 下降。换言之，由于利润长期下降，资本家的生活水平下降了。

第八篇　国民收入和消费的决定因素

(1939 年 1954 年)

一　引言

第六篇文章探讨了工资和薪酬占国民收入的相对份额，第七篇文章建立了利润与 I'（即投资、对外贸易盈余和预算赤字之和）之间的关系。将这两部分研究的结果相结合使我们能够建立国民收入和 I' 之间的关系。在对外贸易平衡和政府预算平衡的特殊情况下，国民收入与投资 I 相关。

第六篇文章建立的工资和薪酬占国民收入相对份额的方程为：

$$\frac{V}{Y} = \alpha + \frac{B}{Y}$$

其中 V 是"实际"工资和薪酬总额，Y 是"实际"私营部门总收入。系数 α 为正且小于 1，常数 B 为正、受长期变化影响。Y 和 V 之差即税前总利润 π。（在第七篇文章中，P 为税后总利润）。因此，可以得到：

$$\frac{Y - \pi}{Y} = \alpha + \frac{B}{Y}$$

$$Y = \frac{\pi + B}{1 - \alpha} \qquad (8-1)$$

为了理解随后的讨论，有必要补充说明一下国民总产出和私营部门总收入之间的差异。国民总产出和私营部门总产出之间的差异在于用政府雇员薪酬衡量的政府产出。私营部门总产出和私营部门总收入之间的差异在于包含在私营部门总产出中的间接税①。因此，国民总产出和私营部门总收入之间的差异包括政府雇员薪酬和间接税。

二　国民总产出、利润和投资的简化模型

我们首先根据第七篇文章开篇的简化模型探讨国民总产出或收入的决定因素。假定经济体系封闭，政府收入和支出忽略不计。结果是国民总产出等于私人投资和消费之和。我们同样忽视了工人储蓄。可以看到，将税后总利润 P 和投资 I 相联系的方程（7－4′）是有效的，$P_t = \dfrac{I_{t-\omega} + A}{1-q}$，其中 $0 < q < 1$，$A > 0$。由于税收收入忽略不计，税前和税后的总利润可以视为相同。私营部门总产出和私营部门总收入也可以视为相同，因为政府雇员薪酬和间接税忽略不计。因此，确定国民总产出的方程为：

$$Y_t = \frac{P_t + B}{1-\alpha} \tag{8－1′}$$

$$P_t = \frac{I_{t-\omega} + A}{1-q} \tag{7－4′}$$

显然，国民总产出或收入 Y_t 完全由投资 $I_{t-\omega}$ 决定。

由于方程（8－1′）反映了国民收入分配的决定因素，我们也可以说总收入 Y_t 将达到如下水平，即由"分配因素"决定的利润与投资 $I_{t-\omega}$ 相一致。因此，"分配因素"的作用是在利润基础上确定总收入或总产出，利润反过来又由投资决定。这一收入确定机制在第七篇文章中已经阐述。

由此可知，收入分配的变化不是通过利润 P 的变化发生，而是通过总收入或总产出 Y 的变化发生。例如，考虑一下垄断程度提高的结果，利润占总收入的相对份额会上升。利润将保持不变，因为利润依然由过去的投资决策决定，但实际的工资和薪酬以及总收入或总产出将下降。

---

①　这里的私营部门总收入 Y 包含直接税。

总收入或总产出会下降至如下水平，即较高的利润相对份额产生相同的绝对利润水平。在我们的方程中，这将反映为：垄断程度提高将导致系数 α 下降①。结果是，对于给定的投资 $I_{t-\omega}$ 而言，总收入或总产出 Y_t 低一些。

三 简化模型中的投资和消费变化

给定利润和投资、总收入和利润之间关系，正如方程（7-4′）和方程（8-1′）表明的，投资的任何变化都会导致收入的明确变化。随着时间推移，投资增加 $\Delta I_{t-\omega}$ 将导致利润增加：

$$\Delta P_t = \frac{\Delta I_{t-\omega}}{1-q}$$

此外，利润增加ΔP_t 将导致总收入或总产出增加：

$$\Delta Y_t = \frac{\Delta P_t}{1-\alpha}$$

$$\Delta Y_t = \frac{\Delta I_{t-\omega}}{(1-\alpha)(1-q)}$$

应当记住的是，q 是表明利润增量ΔP_t 的某一部分用于消费的参数；α 是表明总收入增量ΔY_t 的某一部分用于工资和薪酬的参数。因为 $1-\alpha$ 和 $1-q$ 都小于 1，故而ΔY_t 大于 $\Delta I_{t-\omega}$。换言之，由于投资增加对资本家消费的影响$\left(因子\frac{1}{1-q}\right)$和投资增加对工人收入$\left(因子\frac{1}{1-\alpha}\right)$的影响，总收入或总产出比投资增加得更多。这里工人消费被假定为等于工人收入，这意味着由于投资增加对资本家消费和工人消费的影响，收入比投资增加得更多②。在衰退期，投资下降会导致消费减少，从而就业下降

---

① 根据方程（6-2），α 是工资和薪酬占收入的相对份额，这一相对份额与 Y 的水平无关；另一部分 B/Y 表示薪酬中间接成本因素的影响。

② 需要指出的是，反映价格成本关系的方程（8-1′）基于第一部分假定的弹性供给条件。如果消费品供给是无弹性的，投资增加就不会导致消费品数量的上升，而仅是消费品价格的上涨。在随后的探讨中，我们将继续假定这一弹性供给条件。

比直接由投资活动减少所引起的下降更大。

为了关注资本主义经济这一过程的本质，有必要探讨在社会主义制度下投资下降的影响。从投资品产出中释放出的工人将被消费品行业雇用。增加的消费品供给会通过价格下降的方式被吸收。因为社会主义产业的利润等于投资，价格必须下降至如下水平，即利润的下降等于投资的下降。换言之，通过价格相对成本下降，充分就业会得以维持。但在资本主义制度下，方程（8-1′）中的价格成本关系被维持，通过产出和就业的下降，利润下降的幅度与投资加上资本家消费下降的幅度相同。虽然资本主义的辩护者通常认为"价格机制"是资本主义制度的巨大优势，但价格灵活性是社会主义经济的一个典型特征①，这确实是矛盾的。

到目前为止，我们一直在探讨投资 I、利润 P 和总收入或总产出 Y 的绝对变化之间关系。比较它们的比例变化也是有趣的。为了达到这一目的，我们回到方程（7-4′）和方程（8-1′）。应当记住的是，资本家消费的稳定部分即常数 A，工资和薪酬的稳定部分即常数 B，都是正的。由此可知，在经济周期过程中，利润 P 的比例变化相对投资 I 要小，总收入 Y 相对利润 P 也是如此。因此，总收入 Y 的相对变化小于投资 I 的相对变化。

由于在我们的模型中总收入或总产出 Y 等于投资和消费之和，因而消费的相对变化小于总收入的相对变化。如果一个组成部分（投资）的比例变化相对总和（总收入或总产出）要大，那么另一个组成部分（消费）的比例变化相对总和势必要小。由此可知，与消费相比，投资的变化比例更大，或者可以说投资相对消费在衰退期下降，在繁荣期上升。

四　一般情况

现在我们放弃政府支出和收入忽略不计的假设。暂时我们可以继续

---

①　应当指出的是，在不断扩大的社会主义经济中，价格成本比率的下降反映的是投资向消费的相对转变，而不是绝对转变。

假定对外贸易平衡和政府预算平衡以及工人不储蓄。方程（7－4′）仍然成立，但税前总利润和税后总利润不再一致。假定税收制度给定，"实际"税前总利润 π 和"实际"税后总利润 P 之间关系可以用一个线性函数近似表示。此时，方程（8－1′）变化为：

$$Y_t = \frac{P_t + B'}{1 - \alpha'} \qquad\qquad (8-1'')$$

系数 α' 和 B' 不仅取决于国民收入分配的基本因素，还受税收制度对利润影响的影响。基于方程（7－4′）和方程（8－1″）可以明显看到，私营部门总收入 Y 再一次由投资 I 决定（有时滞）。与投资增加 $\Delta I_{t-\omega}$ 相对应，总收入增加为：

$$\Delta Y = \frac{\Delta I_{t-\omega}}{(1-\alpha')(1-q)}$$

这里 ΔY 仍然大于 ΔI。这不仅因为与投资增加相伴随的资本家消费和工人消费增加，还因为他们从增加的收入中支付了更多的直接税。

转到一般情况，当对外贸易和政府预算不平衡、工人储蓄也不为零时，方程（7－4′）变化为：

$$P_t = \frac{I'_{t-\omega} + A'}{1 - q'} \qquad\qquad (7-4''')$$

其中 I' 为投资、对外贸易盈余和预算赤字之和，与方程（7－4′）中 q 和 A 所不同的 q' 和 A' 反映了工人储蓄和总储蓄之间关系。方程（8－1″）不变，即 $Y_t = \frac{P_t + B'}{1 - \alpha'}$。这两个方程通过 $I'_{t-\omega}$ 来决定 Y_t。与 $I'_{t-\omega}$ 的增量相对应，Y_t 的增量为：

$$\Delta Y_t = \frac{\Delta I'_{t-\omega}}{(1-\alpha')(1-q')}$$

消费的确定要比简化模型的情况复杂得多，在简化模型中消费是 Y 和 I 之间的差额。在一般情况下，消费是税后总收入与储蓄之间的差额。现在储蓄等于投资、对外贸易盈余和预算赤字之和 I'。税后总收入

此时不等于 Y。实际上，税后总收入是不包括政府雇员收入或转移支付且在直接税之前的私营部门总收入。税后总收入等于 Y 加上政府雇员收入和转移支付，再减去所有的直接税。由此可知，消费等于 $Y-I'$ 减去直接税，加上政府雇员收入和转移支付。显然，消费不能基于上述方程通过 I' 来完全确定，上述方程仅能决定 $Y-I'$。

五　统计性描述

我们现在估计美国 1929～1941 年 Y 和 I' 之间的相关系数。前文我们确立了这一时期工资和薪酬总额 V 占私营部门总收入 Y 的相对份额，即 $100\dfrac{V}{Y}=42.5+\dfrac{707}{Y}+0.11t$，$t$ 从 1935 年开始计数。

考虑到税前总利润 $\pi=Y-V$，可以得到：

$$\frac{Y-\pi}{Y}=0.425+\frac{7.07}{Y}+0.0011t$$

根据这一方程，可以在 π 的基础上计算 Y。表 8–1 给出了实际的 Y 和 π [①]，以及计算得到的 Y。实际的 Y 和计算得到的 Y 之间高度相关。相关系数为 0.995。

表 8–1　美国私营部门总收入和税前总利润（1929～1941 年，1939 年不变价格）

单位：10 亿美元

年份	私营部门总收入	税前总利润	计算的私营部门总收入
1929	74.1	37.0	75.5
1930	65.9	31.4	66.2
1931	59.3	26.7	58.2
1932	48.0	20.2	47.0
1933	46.9	19.8	46.2

———————

① 隐含在美国商务部私营部门实际总产出中的价格平减指数被再次使用。

年份	私营部门总收入	税前总利润	计算的私营部门总收入
1934	51.9	22.8	51.6
1935	57.7	27.3	60.0
1936	65.5	30.5	65.2
1937	69.0	32.2	67.9
1938	64.3	30.1	65.7
1939	68.8	32.0	69.0
1940	75.9	36.3	76.1
1941	89.6	43.6	89.0

数据来源：Department of Commerce，*National Income Supplement to Survey of Current Business* (1951)；参见统计附录 Note 6 和 Note 7。

如果不考虑上述方程中的趋势项，可以得到：

$$Y = 1.74\pi + 12.2$$

如果我们想得到 Y 和税后总利润 P 之间关系，我们仍需要考虑利润的税收问题。出于这一目的，我们通过回归方程[①]观察税前和税后"实际"总利润（表 7-1[②] 已经给出了税后总利润 P）的相关性，假定这一回归方程刻画了该时期的税收制度。π 和 P 之间的关系使我们能够通过税后总利润 P 来表示 Y。由此可以得到：

$$Y_t = 2.03P_t + 10.4$$

P 和 I' 之间的关系前一篇文章已经得到，不考虑趋势项部分为 $P_t = 1.34I'_{t-\frac{1}{2}} + 13.4$。从以上两个方程可以得到：

$$Y_t = 2.72I'_{t-\frac{1}{2}} + 37.7$$

对应 $I'_{t-\frac{1}{2}}$ 的增量（有时滞），Y_t 的增量为：

---

① 这里我们采用的是 1929~1940 年，而不是 1929~1941 年数据。回归方程为 $P = 0.86\pi + 0.9$。相关系数接近 1，这是因为直接税收制度在所考察的时期是相当稳定的。但在 1941 年，税收显著增加了。参见统计附录 Note 9。

② 原文为表 8-1，应为表 7-1——译者注。

$$\Delta Y_t = 2.72 \Delta I'_{t-\frac{1}{2}}$$

因此，Y 的绝对变化远大于 I' 的绝对变化。同时，根据上述方程，Y 的比例变化小于 I' 的比例变化。

六　私营部门总产出

私营部门总收入 Y 并不等于私营部门总产出。为了从前者得到后者，需要增加各种间接税，如消费税、关税或者雇主缴纳的社会保险。"实际"总产出或私营部门总产出用 O 表示，"实际"总间接税价值为 E，那么 $O = Y + E$[①]。如前所述，Y 由投资、对外贸易盈余和预算赤字之和 I'（有时滞）或者由投资 I（如果对外贸易平衡和政府预算平衡）决定。为了确定私营部门总产出，有必要对 E 做一些假定。在经济周期中，E 的相对波动通常远小于总收入 Y 的相对波动，原因如下：首先，间接税通常是向必需品或半必需品征收，这些商品消费的波动远小于Y；其次，税率通常是固定的而不是从价的，从而当价格下降时，这些税率的实际值增加。简便起见，在随后探讨的经济周期理论中假定 E 是一个常数。

通过投资、对外贸易盈余和预算赤字之和 I' 来确定私人部门总产出 O：

$$O_t = Y_t + E \qquad\qquad (8-2)$$

$$Y_t = \frac{P_t + B'}{1 - \alpha'} \qquad\qquad (8-1'')$$

$$P_t = \frac{I'_{t-\omega} + A'}{1 - q'} \qquad\qquad (7-4''')$$

由此可知，$I'_{t-\omega}$ 的增量决定了 O_t 的增量：

---

① 假定和 O 一样，Y 和 E 以相同的价格指数进行平减。

$$\Delta O_t = \frac{\Delta I'_{t-\omega}}{(1-\alpha')(1-q')}$$

在 E 为常数的假设下，O 的比例变化小于 Y。因为经济周期中 Y 的相对变化小于 I' 的相对变化，对于 O 来说更是如此。因此，如果对外贸易平衡和政府预算平衡，那么 $I = I'$，从而私营部门总产出 O 的波动小于投资 I。

七　投资和收入的长期变化

上述分析表明，在经济周期过程中，投资 I（甚至是等于储蓄的投资、对外贸易盈余和预算赤字之和 I'）的相对变化大于私营部门总收入或总产出的相对变化。但长期来看，情况未必如此。

在经济周期过程中，I' 与 Y 或 O 之间的波动差异主要取决于两个因素：首先，与利润相比，资本家消费波动更小；其次，与总收入相比，工资和薪酬波动更小。但在经济长期增长过程中，资本家消费的增加并不一定慢于利润。事实上，资本家消费的稳定部分 A 在长期中可能与利润 P 同比例上升。同样地，工资和薪酬的稳定部分 B，它反映了薪酬中的间接成本因素，在长期中可能与收入 Y 同比例上升。因此，长期来看，投资和收入可能不会表现出它们在经济周期过程中出现的那种不成比例变化。

美国 1870～1914 年投资和收入的长期变化实际上是大致成比例的。表 8-2 给出了库兹涅茨（Simon Kuznets）估计的这一时期资本形成总额与国民收入比率。这一比率是非常稳定的。

表 8-2　美国资本形成总额与国民收入的比率（1869～1913 年）

时期	比率（%）
1869～1878 年	100.0
1874～1883 年	97.6

时　期	比率（%）
1879～1888 年	98.4
1884～1893 年	99.8
1889～1898 年	95.3
1894～1903 年	96.9
1899～1908 年	96.8
1904～1913 年	96.7

数据来源：S. Kuznets 于 1946 年出版的 *National Product since* 1869。

　　尽管分子项和分母项与 I' 与 Y 的概念有所不同[①]，但可以肯定的是，在所考察的时期内 I' 与 Y 分别与 "资本形成总额" 和 "国民收入" 大致成比例变动。I' 与 Y 比率的稳定并不意味着收入分配以及利润中的消费比例保持不变，因为这些因素可能会发生补偿性变化。不管怎样，上述分析都并不是要表明储蓄与收入比率的长期稳定性是一个经济规律，而仅仅是表明有可能存在长期稳定关系。

---

① I' = "资本形成总额" - 公共投资 + 预算赤字，Y = "国民收入" - 公共投资 + 预算赤字 - 政府雇员收入。在所考察的时期内差异无疑是很小的，因而可以假定 I' 与 "资本形成总额" 之间以及 Y 与 "国民收入" 之间的变化是成比例的。

第九篇　企业家资本和投资

（1937 年和 1954 年）

一　企业规模和企业家资本

通常被提及的两个限制企业规模的因素：一是规模不经济；二是有限市场，因为市场扩张需要无利可图的价格削减或者销售成本增加。第一个因素似乎是相当不现实的，它没有技术基础。虽然每一个工厂都有其最优规模，但仍然可能会有两家、三家甚至更多的工厂。大型企业管理困难的观点似乎同样值得怀疑，因为总是可以采取适当分权来解决这一问题。产品市场对企业规模的限制是足够真实的，但它不能解释同一行业中大企业和小企业的存在。

还有一个限制企业规模的重要因素，即企业家资本的数量，也就是企业拥有的资本数量。企业进入资本市场的机会，或者说企业希望获得的食利资本数量，在很大程度上由企业家资本的数量决定。企业所能借到的资本不可能高于某一水平，这一水平由企业家资本的数量决定。例如，如果一家企业尝试发行的债券规模远大于其企业家资本，那么这一债券发行不会被全额认购。即使企业承诺以高于现行利率的水平发行债券，债券发行状况也可能不会得到改善，因为更高的利率本身就可能引起人们对企业未来偿付能力的疑虑。

此外，许多企业并不能充分利用资本市场的潜力，因为扩张所涉及的"风险递增"（increasing risk）。实际上，一些企业甚至可能将它们的投资保持在低于企业家资本的水平，一部分企业家资本可能会以证券形式持有。考虑扩张的企业势必面对如下事实，即给定企业家资本数量，风险随投资数量扩大而增加。投资相对企业家资本越多，在投资失败的情况下，企业家收入的减少就越多。例如，假设企业家未能从他的生意中获得任何回报。如果企业家资本的一部分投资在生意中，另一部分以债券形式持有，那么企业家仍会从资本中获得一些净收入。如果企业家所有的资本都用于投资，那么他的收入将为零；如果企业家借钱，那么他将遭受净损失；如果这种情况持续的时间足够长，那么他的企业必然倒闭。显然，债务规模越大，出现意外情况的风险就越大。

因此，企业规模似乎受企业家资本数量的限制，一方面是企业家资本对企业借款能力的影响，另一方面是企业家资本对风险程度的影响。在给定时期内，同一行业中企业规模的差异可以很容易地用企业家资本的差异来解释。拥有大量企业家资本的企业可以为一个巨额投资融资，而拥有少量企业家资本的企业则不能。由于规模低于某一水平的企业无法进入资本市场，因企业家资本差异而产生的企业地位差异会进一步因上述事实而加大。

由此可知，企业扩张取决于当期利润中的资本积累。这一资本积累使企业能够进行新的投资，但不会遇到有限资本市场或"风险递增"的阻碍。企业不仅可以从当期利润中储蓄资金来直接用于投资，企业资本增加还将使它有可能签订新的贷款合同。

二　股份公司的问题

人们有理由怀疑，上述对投资的限制在股份公司的情况下是否适用。如果一家企业发行债券（bonds）或信用债券（debentures），那么情况没有实质性地改变。在投资失败的情况下，企业发行的债券越多，股息红利（dividends）受损的程度越高。优先股（能在普通股获得任何回报前从利润中被支付固定回报）发行的情况与此类似。但普通股的情况呢？乍一看似乎对股票发行没有任何限制，但事实上有一些限制因素。

（1）首先需要强调的是，股份公司不是一个"股东兄弟会"，而是由大股东组成的控股集团管理，其他股东和灵活利率债券的持有者没有区别。如果这一控股集团想继续控制企业，它就不能向公众出售无限量的股份。当前，上述困难可以部分地通过建立控股公司等方式来克服①。尽管如此，大股东控制权的维持对向公众发行股票仍具有一定的制约作用。

（2）有一种风险是，通过发行股票融资的投资可能无法像增加股本和储备资本那样成比例地增加公司利润。如果新投资的回报率小于旧的利润率，那么老股东的红利尤其是控股股东的红利，将会被挤压。当然，新股发行规模越大，这一类型的风险也就越大。这是风险递增的另一种情况。

（3）股票发行受特定公司有限股票市场的限制。公众往往会通过持有不同的股票来分散风险。因此，以老股东认为合理的价格发行数量有限的新股是不可能的。对于老股东来说，新股发行的价格至关重要。实际上，如果这一价格相对预期利润太低，与（2）所探讨的类似的情况就会出现。新股发行不会像增加股本或储备资本那样成比例地提高企业盈利能力，这将导致老股东的红利被挤压。

上述几点都表明一个事实，即股份公司的扩张同样有一定局限性。和家族企业的情况一样，股份公司的扩张取决于当期利润中的资本积累。尽管如此，企业家资本的增加并不局限于企业的未分配利润。与控股集团"个人"储蓄紧密相关的控股集团股份认购应被视为企业家资本积累的另一种形式。

资本的"内部"积累提供了可重新投入业务的资源。此外，这一

---

① 拥有某一企业51%股份的控股集团成立一家新企业来持有其股份。控股集团保留了新企业51%的股份，并向公众出售49%的股份。现在，控股集团控制着新企业，并通过新企业控制旧企业约26%的资本。

积累有助于向公众发行新股票，因为它有助于克服上述阻碍。首先，当积累以控股集团股票发行认购的形式出现时，它允许向公众发行一定数量的股票，而不侵犯控股集团对大多数股份的控制权。其次，通过"内部"资本积累，企业规模的扩大降低了为新投资融资而向公众发行一定数量股票所涉及的风险。最后，不求助于公众的企业资本增加往往会拓展企业的股票市场，因为一般而言企业越大，它在股票市场中的地位就越重要。

三　结论

企业家资本可得性对企业规模的限制是资本主义制度的核心。至少在他们的抽象理论中，许多经济学家都假设一种商业民主状态，在这一状态下任何具有企业家能力的人在创业时都能够获得资金。但委婉地说，这一"纯粹的"企业家活动图景是不现实的。成为企业家最重要的先决条件是拥有资本。

上述思考对于投资决定理论具有重大意义。投资决策的一个重要因素是企业当期利润中的资本积累。我们将在下一篇文章详细探讨这一主题。①

---

① 这里探讨的问题对资本集中理论同样相当重要，参见：J. Steindl，"Capitalist Enterprise and Risk，"*Oxford Economic Papers*，March 1945。

第十篇　投资决定因素

(1943 年和 1954 年)

一　固定资本投资决策的决定因素

在本篇文章中，我们的问题是找到投资决策率即单位时间投资决策数量的决定因素。在给定时期内，投资决策是由该时期内的某些因素决定的，和实际投资之间存在时滞。时滞在很大程度上源于建设周期，但也反映了推迟企业家反应的因素。单位时间固定资本投资决策用 D 表示，单位时间固定资本投资用 F 表示，时滞 τ 是二者时间曲线之间的水平距离①，关系如下：

$$F_{t+\tau} = D_t \qquad\qquad (10-1)$$

我们将如下处理固定资本投资决策的决定因素问题。如果考察短期的投资决策率，我们就假定在时期开始时企业推动其投资达到不再盈利的水平，要么是因为企业产品市场有限，要么是因为风险递增和资本市场限制。因此，在所考察时期内，只有当经济状况发生变化扩大了投资计划的边界时，新的投资决策才会做出。我们考虑给定时期内的三类变化：企业当前利润中的总资本积累，也就是当前总储蓄的变化；利润变

---

① 需要注意的是，投资决策并非严格意义上不可撤销。虽然会造成相当大的损失，但投资决策撤销是可能且确实会发生的。这是一个扰乱方程（10-1）所描述的投资决策与投资之间关系的因素。

化；固定资本存量的变化。我们将详细探讨上述因素。

第一个因素在前一篇文章中已经做了概括性讨论。投资决策与资本的"内部"积累紧密相关，也就是与企业总储蓄紧密相关。企业存在一种将储蓄用于投资的趋势，投资也可以在企业家资本积累的基础上由新的外部资金来融资。因此，企业总储蓄通过有限资本市场和风险递增因素扩大了投资计划的边界。

严格来说，企业总储蓄包括折旧和未分配利润。我们还可以将控股集团通过认购新股投资于自己企业的"个人储蓄"包括在内。因此，这一企业总储蓄的概念有些模糊。我们可以通过假定上述构想的企业总储蓄与总的私人储蓄（利润和国民收入之间关系的结果）相关来避开这一困难。在这一假设下，资本投资决策率 D 是总储蓄 S 的增函数。（我们假定投资决策和实际投资都是按不变价格计算的，也就是它们的价值都用投资品价格指数来平减。由此可知，总储蓄也必须用投资品价格指数来平减。）

影响投资决策的另一个因素是单位时间利润增加。在所考察时期内，利润增加将使此前被认为是无利可图的项目变得有吸引力，因而扩大了该时期的投资计划边界。由此导致的新投资决策价值除以时期长度就得到了单位时间利润变化对所考察时期投资决策率的贡献。

当权衡新投资项目的盈利能力时，预期利润被认为与新资本设备的价值相关。因此，利润与投资品的当前价格相关。考虑到这一因素，我们可以采用投资品价格指数来平减。换言之，如果我们将投资品价格指数平减之后的税后总利润用 P 表示①，在其他条件不变的情况下，投资决策率 D 就是 $\Delta P/\Delta t$ 的增函数。

最后，单位时间资本设备的净增量会对投资决策率产生不利影响，也就是说如果没有这一影响，那么投资决策率会更高。事实上，如果利润 P 不变，资本设备数量增加就意味着利润率下降。正如所考察时期内

---

① 在第三至第五篇文章中实际总利润 P 的概念中，与这里的不同之处在于，隐含在私营部门总产出中的价格指数被用作平减指数。

的利润增加使额外投资项目变得有吸引力，资本设备积累往往会限制投资计划的边界。这一影响最容易出现在新企业进入时，因为新企业进入使现有企业投资计划的吸引力下降。如果用 K 表示价格平减之后的资本设备存量价值，在其他条件不变的情况下，投资决策率 D 就是 $\Delta K/\Delta t$ 的减函数。

总结：近似来看，投资决策率 D 是总储蓄 S 和总利润变化率 $\Delta P/\Delta t$ 的增函数，是资本设备存量变化率 $\Delta K/\Delta t$ 的减函数。因此，在线性关系假定下，投资决策率 D 的方程为：

$$D = aS + b\frac{\Delta P}{\Delta t} - c\frac{\Delta K}{\Delta t} + d \qquad (10-2)$$

d 为常数但受长期变化影响，尤其是技术进步。根据方程（10-1），可以得到 $t+\tau$ 时刻的固定资本投资：

$$F_{t+\tau} = aS_t + b\frac{\Delta P_t}{\Delta t} - c\frac{\Delta K_t}{\Delta t} + d \qquad (10-2')$$

二　未考虑在内的因素

人们可能会提出疑问，为什么利率变化不被认为是投资决策的共同决定因素，其影响与利润变化的影响正相反。这一简化是基于如下事实，即长期利率没有明显的周期性波动。[①]

在萧条期，由于信心危机，企业债券的收益率有时确实会显著上升。忽视这一因素并不会使上述理论无效，因为相关债券收益率上升与利润下降的作用方向是相同的（尽管前者的重要性弱得多）。因此，在对经济周期的探讨中，利率的影响可以用方程（10-2）中更大的系数 b 来大致解释。

---

① 参见 M. Kalecki, *The Theory of Economic Dynamics*（London：Allen and Unwin, 1954），p. 88。

尽管如此，仍然需要考虑股票收益率波动引起的问题，股票收益率即当前股息与股票价格的比率。优先股收益率的变动与信用债券收益率的变动非常相似，可以采用相同的方式探讨。但对于普通股来说，上述方式并不完全适用。尽管普通股收益率波动这一因素似乎具有一定的重要性，但不可否认的是，它可能在某种程度上损害上述理论的应用。

我们简要考虑一个完全不同的因素，即创新，这一因素在建立方程（10－2）时没有被考虑在内。在企业设备逐渐调整到当前技术状态的意义上，我们假设创新是方程（10－2）决定的"普通"投资的重要组成部分。我在1954年文集的第十五篇文章中结合经济发展理论探讨了新发明的直接影响。这些影响反映在 d 的水平上。利率或股票收益率的长期变化也是如此。

三　两个特例

作为特例，方程（10－2）涵盖一些现有的投资决策理论。

我们首先假设系数 a 和 c 都等于 0，从而方程缩减为：

$$D = b\frac{\Delta P}{\Delta t} + d$$

我们额外假定 d 等于折旧。由此可知，净投资是由"实际"利润的变化率决定的。这一情况大致符合所谓的加速原理（acceleration principle）。加速原理确实建立了净投资与产出变化率（而不是利润变化率）之间的关系，而且理论基础与前文所述不同，但由于"实际"利润和总产出之间的相互关系（参见第八篇文章），最终结果是基本相同的。

在理论层面，将加速原理建立在前文所述的基础之上似乎要比从扩大产能进而增加产出的必要性中来推导更加现实。众所周知，至少在周期的相当一段时间内，大量产能储备是存在的，因而产出可以在现有产能不实际增加的情况下增加。但无论加速原理的基础是什么，它都是不充分的，不仅因为它没有考虑前文所述的投资决策的其他决定因素，还因为它不符合事实。在经济周期过程中，产出增加最快的地方接近中间位置（参见图 10 - 1）。根据加速原理，投资决策的最高水平会在那时出现。但这并不现实。实际上，投资决策和总产出之间的时滞约为 1/4 个经济周期，或者 1.5~2.5 年。因为很难假设投资决策和实际投资之间的时滞超过 1 年[①]，这意味着固定资本的实际投资将"领先"产出 0.5~1.5 年。现有数据不能证实这一时滞。例如，图 10 - 2 给出了美国 1929~1940 年固定资本投资和产出（私营部门总产出）的时间曲线。图 10 - 2 中似乎看不出有明显的时滞。基于方程（10 - 2′），根据这一时期美国固定资本投资数据所得到的回归结果[②]也完全不符合"加速原理"。

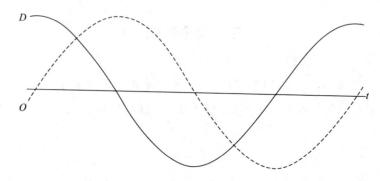

图 10 - 1　基于加速原理，固定资本投资决策率 D 和总产出 O（降为相同振幅）

假设给定数量的新储蓄在同等程度上影响投资决策，也就是假设 a 等于 1，我们得到了理论的第二个特例。我们还假设 d 等于 0。由此可以得到：

$$D = S + b \frac{\Delta P}{\Delta t} - c \frac{\Delta K}{\Delta t}$$

---

① 参见 M. Kalecki, *The Theory of Economic Dynamics*（London：Allen and Unwin, 1954），p. 109。

② 参见 M. Kalecki, *The Theory of Economic Dynamics*（London：Allen and Unwin, 1954），p. 112。

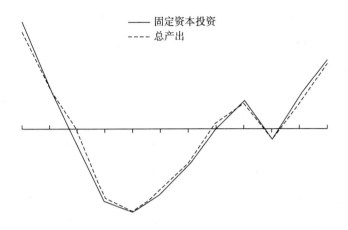

图 10 - 2　美国 1929～1940 年固定资本投资和私营部门总产出的波动

注：两个时间曲线被降为相同振幅后，趋势的干扰被消除，由此固定资本投资和
总产出的波动可以比较；具体数据参见统计附录 Note 10。

如果额外假设存货在整个经济周期中保持稳定，对外贸易盈余和预
算赤字都为 0，那么储蓄 S 就等于固定资本的实际投资 F（因为储蓄等
于固定资本投资和存货加上对外贸易盈余再加上预算赤字）。由此我们
可以得到：

$$D = F + b\frac{\Delta P}{\Delta t} - c\frac{\Delta K}{\Delta t}$$

考虑到 $F_t = D_{t-\tau}$，则有：

$$D_t = D_{t-\tau} + b\frac{\Delta P_t}{\Delta t} - c\frac{\Delta K_t}{\Delta t}$$

$$D_t - D_{t-\tau} = b\frac{\Delta P_t}{\Delta t} - c\frac{\Delta K_t}{\Delta t}$$

从最后一个方程可以清楚地看到，如果利润 P 和资本设备存量 K
保持不变，那么投资决策率 D 也保持不变（$D_t = D_{t-\tau}$）。当利润增加时，
投资决策率 D 也增加（因为给定时期内当 P 增加时，$D_t > D_{t-\tau}$）。当资

本设备存量 K 增加时，投资决策率 D 下降（因为给定时期内当 K 增加时，$D_t < D_{t-\tau}$）。由此可知，投资决策率是利润水平的增函数，是资本设备存量的减函数。这一关系是我 1939 年文集中经济周期理论的基础。因此，1939 年文集中的理论似乎是当前理论的一个特例。

有时可以假定上述作为特例得到的关系在所有情况下都是有效的，理由如下。预期利润率可以假定为当前"实际"利润的增函数和资本设备存量的减函数。进一步很显然，预期利润率越高，固定资本投资水平就越高①。但这一观点仅初步看来是合理的。需要明确的是，当我们考虑单位时间投资决策数量时，上述关系不再是显而易见的。如果一段时间内利润率保持在一定水平，企业将根据这一利润率做出全部的投资决策，以至于此后除非有新的情况出现，否则不会有任何投资决策。在所考察的特殊情况下，储蓄的完全再投资加上储蓄和固定资本投资相等确保了在利润率不变的情况下单位时间投资决策水平的保持。但一旦放弃这些相当严格的假设，理论就不再成立，需要基于方程（10 – 2）的更加一般化的方法。

四　审视基本方程

在继续审视方程（10 – 2′）的系数之前，做一些改动将是有益的。首先考虑如下事实，固定资本设备的变化率等于该时期内的固定资本投资减去折旧，σ 为设备因磨损和过时的折旧：

$$\frac{\Delta K}{\Delta t} = F - \sigma$$

因此，方程（10 – 2′）变化为：

$$F_{t+\tau} = aS_t + b\frac{\Delta P_t}{\Delta t} - c(F_t - \sigma) + d$$

---

① 这也是我早期文章中的想法，参见第一篇文章和第三篇文章。

将 cF_t 移到方程左侧，方程两边同除以 $1+c$ 可以得到：

$$\frac{F_{t+\tau}+cF_t}{1+c}=\frac{a}{1+c}S_t+\frac{b}{1+c}\frac{\Delta P_t}{\Delta t}+\frac{c\sigma+d}{1+c}$$

方程左侧即 $F_{t+\tau}$ 和 F_t 的一个加权平均。假定加权平均近似等于中间值 $F_{t+\theta}$，θ 是一个小于 τ 的时滞。由于 c 可能很小①，θ 可能和 τ 是相同的。将上述方程改写为：

$$F_{t+\theta}=\frac{a}{1+c}S_t+\frac{b}{1+c}\frac{\Delta P_t}{\Delta t}+\frac{c\sigma+d}{1+c}$$

此时固定资本投资的决定因素仅为过去的储蓄和过去的利润变化率。资本设备存量增加的不利影响反映在分母 $1+c$ 上。对方程的系数做简化：

$$\frac{b}{1+c}=b',\frac{c\sigma+d}{1+c}=d'$$

对 $\dfrac{a}{1-c}$ 不引入上述简化，因为方程对 a 和 c（初始方程中储蓄 S 的系数和资本设备存量变化率 $\dfrac{\Delta K}{\Delta t}$ 的系数）的依赖对随后的讨论有重大意义。改写后的方程为：

$$F_{t+\theta}=\frac{a}{1+c}S_t+b'\frac{\Delta P_t}{\Delta t}+d' \qquad\qquad (10-3)$$

现在我们来审视这一方程的系数。常数 d' 受长期变化影响。② 我

---

① 资本设备存量 K 的周期性波动按百分比来说是相当小的。因此，由这一因素导致的利润率变化也很小。结果是，固定资本投资的波动在很大程度上取决于储蓄 S 和 $\dfrac{\Delta P}{\Delta t}$ 的变化，而不是 $\dfrac{\Delta K}{\Delta t}$ 的变化（尽管后者在经济周期的某些阶段可能很重要，参见第十一篇文章）。换言之，$c\dfrac{\Delta K}{\Delta t}$ 的波动幅度远小于 F 的波动幅度。但因为 $\dfrac{\Delta K}{\Delta t}$ 是固定资本的净投资（折旧 σ 仅有小幅周期性波动），这意味着 c 小于 1。

② d 被假设为一个常数但受长期变化影响。折旧 σ 在经济周期过程中波动很小，但从长期来看，折旧随资本设备数量变化而变化。

1954 年文集的第十五篇文章对这些长期变化所依赖的因素进行了分析。但正如下面的讨论所指出的，d' 的数值与经济周期的讨论无关。关于系数 b' 并没有先验基础，尽管其数值对于确定周期性波动的特征有决定性意义。因此，有必要考虑系数 b' 在不同数值下的几种情况。现阶段，我们要做出明确假设的唯一系数是 $\dfrac{a}{1+c}$。

系数 a 表示投资决策率 D 因当前总储蓄 S 增加而增加的数量，受各种因素影响。首先，与投资决策相关的企业"内部"储蓄增量小于总储蓄增量。这本身就使得 a 小于 1。另一个因素起着相同的作用。在总利润不变的情况下，储蓄的再投资可能会遇到困难，因为企业产品市场是有限的，向新的活动领域扩张涉及相当大的风险。其次，如果投资被认为是值得的，"内部"储蓄增加就会使企业能够以更高的利率吸收外部资金。这些相互矛盾的因素使我们不能确定 a 是大于还是小于 1。

系数 $\dfrac{a}{1+c}$ 小于 a，因为 c 是正值。如前文所述，c 反映了资本设备存量增加对投资决策的负面影响。我们假设系数 $\dfrac{a}{1+c}$ 小于 1，原因如下。如下文将表明的，如果 $\dfrac{a}{1+c} > 1$，那么实际上根本不存在经济周期（参见第十一篇文章），资本主义经济的长期发展也会与我们所了解的进程不同[1]。此外，美国 1929～1940 年的数据表明 $\dfrac{a}{1+c}$ 明显小于 1。因为 c 相当小，$\dfrac{a}{1+c} < 1$ 意味着 a 不会比 1 大很多（当然，a 可以小于等于 1）。

五　存货投资

我们通过分析固定资本投资得到了方程（10-3），这一方程表明

---

[1]　参见 M. Kalecki, *The Theory of Economic Dynamics*（London：Allen and Unwin, 1954），chapter 14。

固定资本投资决策是经济活动水平和这一水平变化率的函数。实际上，方程（10－3）中储蓄 S 的数量与经济活动水平相关，利润增长率 $\dfrac{\Delta P}{\Delta t}$ 与经济活动水平的变化率相关。正是由于上述原因，仅以变化率为基础的加速原理并不足以解释固定资本投资。但对于存货投资而言，加速原理似乎是一个合理设想。

假设存货的变化率与产出或销售量的变化率大致成正比，这确实是合理的。尽管如此，对存货变化的实证研究表明，原因和结果之间也有着明显的时滞。这可以用产出和销售的增长并不需要立即增加存货来解释，因为部分存货是作为储备的，因而暂时提高总存货周转速度是可能的。只有在一段时间之后，存货才会调整到对应新的更高的产出水平。同样，当产出下降时，存货数量只有在一定延迟之后才会相应地减少，与此同时存货周转速度也会下降。

这里的问题在于，资本可得性在存货投资中是否像在固定资本投资中那样发挥重要作用。换言之，我们是否应该假设存货投资不仅取决于产出变化率，还取决于新储蓄流入。一般而言，情况并非如此，因为存货是半流动资产，可以依靠短期信贷来为产出和销售的同步扩张融资。

综上所述，在一定时滞下，我们可以将存货投资 J 与私营部门总产出的变化率 $\dfrac{\Delta O}{\Delta t}$ 相联系。基于目前的研究，这一时滞似乎和固定资本投资的时滞 τ 相似。简便起见，我们假设存货的时滞等于 θ，因而存货投资为：

$$J_{t+\theta} = e\,\frac{\Delta O_t}{\Delta t} \qquad\qquad (10-4)$$

需要指出的是，系数 e 和时滞 θ 都是均值。对于不同商品而言，存货变化和产出变化之间关系是非常不同的，存货变化和服务产出变化之间没有直接关系。如果期望 e 有任何的稳定性，那么它只能建立在私营部门总产出 O 各组成部分波动相关性的基础之上。

需要注意的是，未售出商品积累这一现象至少部分地可以由方程

（10-4）中的时滞 θ 来解释。实际上，当销售量停止上升并开始下降时，根据我们的方程，存货将继续增加一段时间。尽管如此，不可否认的是，在上述情况下未售出商品的积累可能会以比我们的方程所表明的更大规模继续。这一对方程的偏离可能不会对经济周期理论产生非常严重的影响，因为这一"异常的"存货积累通常会在相对短的时期内被清仓。

六　总投资方程

前文我们得到了固定资本投资 F 和存货投资 J 的方程：

$$F_{t+\theta} = \frac{a}{1+c}S_t + b'\frac{\Delta P_t}{\Delta t} + d' \qquad (10-3)$$

$$J_{t+\theta} = e\frac{\Delta O_t}{\Delta t} \qquad (10-4)$$

二者相加可以得到总投资 I 的方程：

$$I_{t+\theta} = \frac{a}{1+c}S_t + b'\frac{\Delta P_t}{\Delta t} + e\frac{\Delta O_t}{\Delta t} + d' \qquad (10-5)$$

方程右侧的 S_t 取决于 t 时刻的经济活动水平，$\dfrac{\Delta P_t}{\Delta t}$ 和 $\dfrac{\Delta O_t}{\Delta t}$ 取决于 t 时刻经济活动水平的变化率。因此，根据我们的理论，总投资取决于此前早些时期的经济活动水平以及这一水平的变化率。

第十一篇 经济周期

（1943 年和 1954 年）

一 决定动态过程的方程

在本篇文章中，我们仍然假设对外贸易平衡和政府预算平衡，而且工人不储蓄。正如第八篇文章所表明的，给定上述假设，经济活动水平由投资决定。进一步，正如第十篇文章所表明的，在一定时滞下，经济活动水平以及这一水平的变化率决定了投资。由此可知，给定时期的投资由此前早些时期的经济活动水平以及这一水平的变化率决定。下文将会看到，这为经济动态过程分析奠定了基础，尤其是使我们能够展示这一过程所涉及的周期性波动。

在假设对外贸易平衡和政府预算平衡之外，我们还假定平减投资的价格指数和平减私营部门总产出的价格指数是完全相同的。考虑到投资品价格与消费品价格比率的周期性波动相当小，上述假设是切合实际的。与此同时，上述假设也使我们的分析大大简化。的确，在不同背景下，对同一个项目使用不同的平减指数是有必要的。因此，在第七篇文章和第八篇文章中，我们对投资、储蓄和利润使用了和处理私营部门总产出时相同的平减指数。而在第十篇文章中，对固定资本投资、储蓄和利润使用了投资品价格指数来进行平减。尽管如此，现在假定平减指数是相同的，"实际"投资、储蓄和利润仅有一个含义。

现在，我们探讨与经济周期有关的方程。在对外贸易平衡和政府预算平衡的假设下，储蓄等于投资：

$$S = I$$

基于相同的假设，第七篇文章给出了在一定时滞下税后利润 P 与投资之间的方程：

$$P_t = \frac{I_{t-\omega} + A}{1 - q} \qquad (7-4')$$

这一方程首先基于利润与投资和资本家消费之间的等式，其次基于资本家消费和此前早些时期利润之间的关系。（A 是资本家消费的稳定部分，q 是消费来自利润增量的系数）。

进一步，我们通过方程（8-2）和方程（8-1″）得到总产出 O 和税后利润 P 之间的关系：

$$O_t = \frac{P_t + B'}{1 - \alpha'} + E \qquad (8-2')$$

这一方程首先反映决定国民收入分配的因素，其次是利润征税制度，再次是间接税水平。（常数 B' 和系数 α' 反映了"收入分配因素"和利润征税制度，常数 E 代表总的间接税水平。）

最后，第十篇文章给出了投资决定方程：

$$I_{t+\theta} = \frac{a}{1+c} S_t + b' \frac{\Delta P_t}{\Delta t} + e \frac{\Delta O_t}{\Delta t} + d'$$

这一方程表明：首先，在一定时滞下固定资本投资一方面与储蓄、利润变化率之间存在关系，另一方面与资本设备存量变化率（资本设备存量变化的影响反映在系数 $\frac{a}{1+c}$ 的分母上）之间存在关系；其次，存货投资和产出变化率之间存在关系。

从投资决定方程以及假定储蓄和投资相等可以得到：

$$I_{t+\theta} = \frac{a}{1+c} I_t + b' \frac{\Delta P_t}{\Delta t} + e \frac{\Delta O_t}{\Delta t} + d' \qquad (11-1)$$

二 经济周期方程

方程（7-4′）、方程（8-2′）和方程（11-1）适用于一般的动态过程。但目前，我们打算聚焦与长期发展过程不同的经济周期过程。出于这一目的，我们考虑一个不受长期发展影响的体系，也就是一个在周期性波动之外是静态的体系。我在1954年文集的第十四篇文章中表明，实际的动态过程分析首先是周期性波动，波动形式与下文静态体系中的形式相同；其次是平稳长期趋势。

为了使我们的体系"静态"，假定参数 A、$B′$ 和 E 都是不变的，尽管它们都受长期变化影响。由方程（7-4′）可以直接得到：

$$\frac{\Delta P_t}{\Delta t} = \frac{1}{1-q} \frac{\Delta I_{t-\omega}}{\Delta t}$$

由方程（8-2′）可以得到：

$$\frac{\Delta O_t}{\Delta t} = \frac{1}{1-\alpha'} \frac{\Delta P_t}{\Delta t}$$

$$\frac{\Delta O_t}{\Delta t} = \frac{1}{1-\alpha'} \frac{1}{1-q} \frac{\Delta I_{t-\omega}}{\Delta t}$$

这里利润变化率和产出变化率都用投资变化率来表示（有一定时滞）。用投资变化率替换方程（11-1）中的 $\frac{\Delta P}{\Delta t}$ 和 $\frac{\Delta O}{\Delta t}$，可以得到：

$$I_{t+\theta} = \frac{a}{1+c} I_t + \frac{b'}{1-q} \frac{\Delta I_{t-\omega}}{\Delta t} + \frac{e}{1-\alpha'} \frac{1}{1-q} \frac{\Delta I_{t-\omega}}{\Delta t} + d'$$

$$I_{t+\theta} = \frac{a}{1+c} I_t + \frac{1}{1-q}\left(b' + \frac{e}{1-\alpha'}\right) \frac{\Delta I_{t-\omega}}{\Delta t} + d' \qquad (11-2)$$

因此，$t+\theta$ 时刻的投资是 t 时刻投资和 $t-\omega$ 时刻投资变化率的函数。方程右侧第一项代表当前储蓄对投资决策的影响（系数 a）以及资本设备增加的不利影响$\left(系数\frac{1}{1+c}\right)$。需要注意的是 $\frac{a}{1+c} < 1$。方程右侧

第二项代表利润变化率对投资的影响 $\left(\text{系数}\dfrac{b'}{1-q}\right)$ 和产出变化率对投资的

影响 $\left(\text{系数}\dfrac{e}{1-\alpha'}\dfrac{1}{1-q}\right)$。

由于暂时不考虑长期变化，前文我们假定 A、B' 和 E 都是不变的。对于 d' 可以做出相同的假定，但 d' 的水平还须符合另一个条件，从而体系是"静态的"。实际上，这一体系必须能够在投资等于折旧 σ 的水平上保持静止。此时投资 I 会永远稳定在折旧 σ 的水平，当然 $\dfrac{\Delta I}{\Delta t}$ 等于 0。因此，方程（11-2）简化为：

$$\sigma = \frac{a}{1+c}\sigma + d' \qquad\qquad (11-3)$$

这是 d' 必须满足的条件，从而体系才是静态的，也就是没有长期变化。方程（11-2）两侧减去方程（11-3）可以得到：

$$I_{t+\theta} - \sigma = \frac{a}{1+c}(I_t - \sigma) + \frac{1}{1-q}\left(b' + \frac{e}{1-\alpha'}\right)\frac{\Delta I_{t-\omega}}{\Delta t}$$

用 i 表示 $I - \sigma$，即投资与折旧的偏差。因为 σ 是一个常数①，$\dfrac{\Delta i}{\Delta t} = \dfrac{\Delta I}{\Delta t}$，所以：

$$i_{t+\theta} = \frac{a}{1+c}i_t + \frac{1}{1-q}\left(b' + \frac{e}{1-\alpha'}\right)\frac{\Delta i_{t-\omega}}{\Delta t} \qquad\qquad (11-4)$$

上述方程将作为我们经济周期机制分析的基础。简便起见，用 μ 代表 $\dfrac{1}{1-q}\left(b' + \dfrac{e}{1-\alpha'}\right)$。由此方程（11-4）可改写为：

$$i_{t+\theta} = \frac{a}{1+c}i_t + \mu\frac{\Delta i_{t-\omega}}{\Delta t} \qquad\qquad (11-4')$$

———————————

① 实际上，折旧在经济周期过程中有轻微波动，但 σ 可被视为平均折旧水平。

三 自动经济周期

现在我们探讨方程（11 – 4′）中固有的周期性趋势。在所有讨论中，系数 $\frac{a}{1+c}$ 小于 1 的假设都是至关重要的。

我们从 $i_t = 0$ 的位置开始，即投资等于折旧的 A 点开始（见图 11 – 1）。进一步假定 $\frac{\Delta i_{t-\omega}}{\Delta t} > 0$，这意味着在达到 A 点前，投资是小于但趋向折旧水平的。显然 $i_{t+\theta}$ 为正，因为方程（11 – 4′）的右侧第一项 $\frac{a}{1+c} i_t = 0$，第二项 $\mu \frac{\Delta i_{t-\omega}}{\Delta t} > 0$。换言之，$i$ 将增加到折旧水平之上的 B 点。

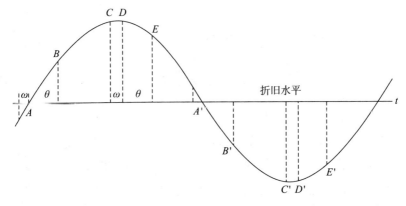

图 11 – 1 假设的投资时间曲线（总投资的趋势与周期性组成部分阐述）

但在 i 为正之后，i 是否继续上升，也就是 $i_{t+\theta}$ 是否大于 i_t，取决于系数 $\frac{a}{1+c}$ 和 μ 的数值。实际上，$i_{t+\theta}$ 的第一个组成部分 $\frac{a}{1+c} i_t$ 要小于 i_t，因为我们假定 $\frac{a}{1+c}$ 小于 1，这倾向于使 $i_{t+\theta}$ 下降到 i_t 之下。另外，第二个组成部分 $\mu \frac{\Delta i_{t-\omega}}{\Delta t}$ 为正，因为在达到 i_t 水平之前 i 是上升的，这倾向于使

$i_{t+\theta}$增加到i_t之上。因此，有两种可能性：系数$\dfrac{a}{1+c}$和μ使投资最终停止在C点，或者投资继续增加直到经济活动达到如下水平，此时现有生产能力或可用劳动力的短缺阻碍了投资进一步增加。

考虑第一种可能。在投资达到C点之后，投资并不能保持在这一水平，投资必然从D点下降到E点。用i_{top}表示i的最高水平，在D点时有：

$$i_t = i_{\text{top}} \; ; \frac{\Delta i_{t-\omega}}{\Delta t} = 0$$

因此，对于E点的$i_{t+\theta}$来说，组成部分$\mu\dfrac{\Delta i_{t-\omega}}{\Delta t}$等于$0$，$\dfrac{a}{1+c}i_{\text{top}}$小于$i_{\text{top}}$，因为$\dfrac{a}{1+c}$小于$1$。结果是，$i_{t+\theta}$小于$i_{\text{top}}$，投资从最高点下降到$E$点的水平。

随后投资将继续下降，也就是$i_{t+\theta}$小于i_t，有两个原因：首先$\dfrac{a}{1+c}i_t$小于i_t；其次$\mu\dfrac{\Delta i_{t-\omega}}{\Delta t}$为负。这样$i$最终将降为$0$，也就是投资将下降到折旧水平。

从i降为0这点开始，繁荣的模式将在衰退中反向重复。当在A'点投资向下穿过折旧水平时，投资下降将持续下去，最终在C'点停止。但投资不会保持在C'点的位置，而是会从D'点增加到E'点，并再次达到折旧水平。

投资的波动将伴随着收入、产出和就业的波动。投资与私营部门总实际收入和总实际产出之间关系的本质已经在第八篇文章中详细阐述。

上述经济周期机制基于两个要素。首先，当投资低于折旧水平（即A点）时，投资不会停止在这一水平，而是穿过这一水平继续上升。之所以出现这种情况是因为在达到折旧水平之前，投资增加以及由此产生的利润和总产出增加会导致投资高于随后时期的折旧水平。静态均衡只有当投资处于折旧水平且近期不发生变化时才会存在。后一个条件在A

点并不满足，这是投资继续上升的原因。当投资从上方达到折旧水平（即 A' 点）时，情况是类似的，也就是投资不会停止，而是穿过这一水平继续下降。

其次，当投资上升到顶点时，投资也不会停止在这一水平，而是开始下降。之所以出现这种情况是因为 $\frac{a}{1+c}$ 小于 1，这反映了资本设备增加对投资的负面影响（$c>0$），也可能反映了储蓄不完全再投资的因素（如果 $a<1$）。如果储蓄完全再投资（$a=1$）且资本设备积累可以不考虑（c 忽略不计），那么投资会保持在其最高水平。但事实上，在经济活动的稳定水平上，使利润率降低的资本设备积累确实会对投资产生不利影响（即 c 不是可以忽略不计的）。此外，储蓄的再投资可能是不完全的（即 $a<1$）[①]。结果是投资下降，衰退由此开始。[②]

衰退期底部的情况与繁荣期顶部的情况相类似。恰如资本设备存量增加导致繁荣期顶部的利润率开始下降，资本设备折旧未被补偿导致衰退期底部的利润率开始上升。[③]

但人们可能会质疑，衰退期底部的情况是否与繁荣期顶部的情况相对称。确实可以这样说，即在衰退期资本破坏对投资决策的影响比在繁荣期资本积累对投资决策的影响弱得多，因为不管怎样在衰退期被"摧毁"的设备通常都是闲置的。结果是，衰退可能持续很长一段时间。事实上，本篇文章所探讨的静态体系并不排除上述可能性[④]。但应当注意的是，在一个长期增长经济中，情况是不同的。下文将说明，在一个长期增长经济中，上述经济周期机制是叠加在平稳长期趋势之上的。

---

① 1939 年，罗斯巴思（E. Rothbarth）在伦敦政治经济学院的讲座中首次强调了"不完全再投资"因素在解释繁荣期转折点方面的重要性。

② 这一分析清楚地表明 $\frac{a}{1+c}$ 小于 1 这一假设是经济周期存在的必要条件。

③ 如果 $a<1$ 是投资从衰退期底部复苏的另一个因素，那么条件 $a<1$ 意味着，如果我们忽略利润变化率和资本设备存量变化率的影响，在衰退期固定资本投资决策的下降就要小于储蓄。

④ 在这种情况下，衰退期的 c 小于繁荣期的 c，因而 $\frac{a}{1+c}$ 更大。

四 上限和下限

前文的思考基于如下假设，即系数 $\dfrac{a}{1+c}$ 和 μ 会导致繁荣期的投资增加和衰退期的投资下降自动停止。另一种可能是，繁荣期的投资增加不会停止，除非受到资本设备或劳动力短缺的阻碍。当后一种情况出现时，未完成的投资决策将迅速累积，而交付将滞后于需求。这将导致存货投资不再增加，甚至是减少。固定资本投资同样可能受短缺影响。投资决策的实施期将延长，固定资本投资的增加将不得不逐渐放缓。

在投资率停止增加、经济活动水平于这一"上限"维持一段时间之后，经济周期机制开始运行。如前文所述，由于资本设备存量增加，也可能由于储蓄的不完全再投资（导致 $\dfrac{a}{1+c}$ 小于 1 的因素），投资开始减少。在以这种方式开始之后，衰退会以与"自动"经济周期相同的方式继续。

问题在于，是否像繁荣有一个"上限"一样，衰退也有一个"下限"。就固定资本投资而言，这一"下限"当然存在，因为固定资本的总价值不可能低于零。然而，对存货的负投资并没有类似的限制。因此，当总的固定资本投资达到零水平时，衰退可能会放缓但不会停止，因为存货的负投资可能仍在继续。尽管如此，如果衰退确实停止，那么复苏的过程与前一节所描述的过程很相似。

五 增幅波动和衰减波动

我们回到自动经济周期的情况。方程（11－4′）即 $i_{t+\theta}=\dfrac{a}{1+c}i_t+$

$\mu\dfrac{\Delta i_{t-\omega}}{\Delta t}$ 中固有的周期性波动是稳定的、增幅的（explosive）或衰减的

（damped）（参见图 11 - 2），取决于系数 $\dfrac{a}{1+c}$ 和 μ 以及时滞 θ 和 ω。

给定参数的某种组合，波动的振幅是恒定的。但如果 μ 增加而 $\dfrac{a}{1+c}$、θ 和 ω 保持不变，波动就是增幅的；如果 μ 减小，波动就是衰减的。

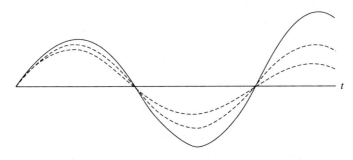

图 11 - 2　稳定的、增幅的和衰减的周期性波动

首先，探讨增幅波动的情况。显然，由于波动幅度增加，繁荣期的投资迟早会触及上限。在此之后，如前文所述，衰退随之而来，衰退之后的复苏会使投资再次回到这一上限水平，依此类推（见图 11 - 3）。衰退期的底部会保持同一水平，因为根据方程（11 - 4'），下降幅度完全是由繁荣期顶部的 i、系数 $\dfrac{a}{1+c}$ 和 μ 以及时滞 θ 和 ω 决定的。

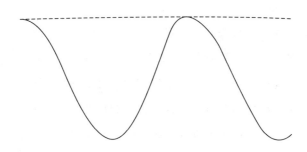

图 11 - 3　有上限的增幅波动

其次，在衰减波动的情况下，振幅将持续下降，以至于在这种情况下周期似乎变得无关紧要。但这并不是正确的，原因如下。方程（11 - 4'）所基于的投资、利润和产出之间关系是"随机的"，也就是说这一关系受随机扰动影响。（前文统计性描述中实际值和估计值之间的偏差可被解释为这一扰动。）因此，方程（11-4'）实际上应做如下变化，ε 为随机扰动项：

$$i_{t+\theta} = \frac{a}{1+c}i_t + \mu\frac{\Delta i_{t-\omega}}{\Delta t} + \varepsilon \qquad\qquad (11-4'')$$

现在似乎方程（11-4''）的"不稳定冲击"（erratic shocks）抵消了在基本机制中固有的衰减效应。结果是产生了某种半规律的周期性运动，其振幅由冲击的数值和形式以及方程（11-4'）中的参数决定①。

上述结果是相当重要的。它表明了不触及上限的周期性波动的可能性，因而有助于解释常见的实际波动形式。尽管如此，在应用这一理论时有一个严重问题。实验似乎表明，如果衰减不是很弱，那么所产生的周期是非常不规则的，其振幅与冲击的数量级相同。假定投资、利润和产出之间的相互关系必然导致产生弱衰减是缺乏合理依据的，从而理论的价值值得怀疑。我在 1954 年文集的第十三篇文章中探讨了这一问题，表明如果对冲击的特征做出某些合理假设，那么即便衰减确实存在，一个相当规则且振幅相对较大的周期也会出现。

六　经济周期和资源利用

前文已经表明，投资的波动将导致整体经济活动的相应波动。实际上，总产出通过方程（7-4'）和方程（8-2'）与投资相关联。此外，前文还表明，与投资相比，总产出和消费的波动要小一些。

尽管如此，我们还没有审视资本设备利用的波动问题。在下文将会看到，固定资本数量在经济周期过程中的波动相对较小，从而产出的波动主要反映为设备利用程度的变化。

我们通过下面这个与发达资本主义经济相关的例子来阐述。假定折

---

① 如果基本机制倾向于产生恒定振幅的波动，那么不稳定冲击似乎会导致周期增幅波动。结果是，上限迟早会达到，从那时起振幅不再变化。

旧水平为每年固定资本设备平均数量的5%，固定资本投资总额在每年固定资本设备平均数量的7.5%和2.5%之间波动。因此，投资在萧条期下降至繁荣期的1/3。此外，假定在繁荣期的顶部，固定资本投资总额占总产出（即私营部门总产出）的20%。因此，由于投资从繁荣期顶部到萧条期底部下降了2/3，投资下降约占繁荣期总产出的13%。进一步假定产出变化 ΔO 等于2.5倍的投资变化 ΔI[①]。由此可知，从繁荣期顶部到萧条期底部的产出下降等于2.5乘以13%，即繁荣期产出水平的33%。因此，从繁荣期顶部到萧条期底部，产出下降了约1/3。很容易看到，波动幅度约为平均水平的20%[②]。

现在我们计算资本设备存量的波动幅度。固定资本的最大增加发生在时期 MN（见图11-4），因为这是固定资本投资总额超过折旧水平的时期。

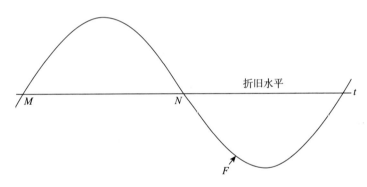

图 11-4　固定资本投资波动对资本设备存量的影响

在繁荣期，固定资本投资总额的最高水平被假定为资本设备平均数量的7.5%，当折旧等于5%时，最高的净投资为2.5%。[③] 我们假定周期的长度为10年，因而时期 MN 的长度为5年。如果在整个时期内固

[①]　根据美国1929~1940年的数据，私营部门实际收入的变化是投资变化 ΔI 的2.72倍。

[②]　$\dfrac{1}{2} \times \dfrac{1}{3} \div \left(1 - \dfrac{1}{2} \times \dfrac{1}{3}\right) = \dfrac{1}{5}$。

[③]　最大的固定资本投资近似等于最大的总投资；实际上，因为总产出趋于平稳，繁荣期顶部的存货投资很小。

定资本投资都处于最高水平，那么资本设备的总增加量会是其平均水平的12.5%。但事实上正如图11-4中所表明的，资本设备的总增加量仅为12.5%的2/3，即约8%。结果是，固定资本存量相对其平均水平的波动幅度在4%左右，而产出的波动幅度为20%。

　　显然，设备利用程度的波动与总产出的波动相类似。在衰退期，相当大比例的资本设备是闲置的。即使平均而言，整个经济周期的设备利用程度也远低于繁荣期的最大值。可用劳动力利用程度的波动与设备利用程度的波动平行。在萧条期，不仅大规模失业出现，而且整个经济周期的平均就业也远低于繁荣期的峰值。至少在经济周期的相当一部分时期内，资本设备闲置和失业后备军大量存在是资本主义经济的典型特征。

第三部分

第十二篇　充分就业的政治方面

（1943 年）

通过贷款融资的政府支出来维持充分就业的问题近年来被广泛探讨。但讨论集中在问题的纯经济方面，没有适当考虑政治现实。认为政府只需要知道如何做就能在资本主义经济中维持充分就业的观点是错误的。在这一点上，大企业对通过政府支出来维持充分就业的疑虑是至关重要的。这一态度在 20 世纪 30 年代的大萧条中表现得尤为明显，除了纳粹德国，当时所有国家的大企业都坚决反对通过政府支出来增加就业的尝试。这一态度不容易解释。毫无疑问，更高的产出和就业不仅有利于工人，同样也有利于商人，因为后者的利润增加了。而且通过贷款融资的政府支出来维持充分就业的政策不会侵占利润，因为这一政策不涉及任何额外的税收。萧条中的商人渴望繁荣，为什么他们不会高兴地接受政府所提供的"人造"繁荣呢？本文尝试探讨这一困难且迷人的问题。

一

（1）"产业领袖"反对通过政府支出来实现充分就业的原因可细分为三个方面：首先，不喜欢政府干预就业问题；其次，不喜欢政府支出（公共投资和消费补贴）的方向；最后，不喜欢维持充分就业导致的社会和政治变化。我们将详细审视这三类反对政府扩张政策的观点。

（2）首先探讨"产业巨头"不愿意接受政府干预就业问题的原因。国家活动的每一次扩大都被"商人们"怀疑，但通过政府支出创造就业有其特殊方面，这使得反对尤为强烈。在自由放任资本主义制度下，就业水平在很大程度上取决于所谓的信心状态。如果信心状态恶化，私人投资就会下降，从而导致产出和就业下降（直接影响以及通过收入下降对消费和投资的二次影响）。这使得资本家对政府政策有了强有力的间接控制：任何可能动摇信心状态的事情都必须小心避免，因为它会引发经济危机。但一旦政府学会通过其自身购买来增加就业的诀窍，这一强大的控制手段就失去其效力。因此，实施政府干预所必需的预算赤字必然被视为危险的。"稳健财政"（sound finance）假说的社会功能就是使就业水平依赖于信心状态。

（3）当产业领袖开始考虑资金支出的对象即公共投资和大众消费补贴时，他们对政府支出政策的反感更加强烈。

政府干预的经济学原理要求公共投资应局限在不与私人经济相竞争的领域，如医院、学校、高速公路。否则的话，私人投资的利润率可能会受到损害，公共投资对就业的积极影响会被私人投资下降的消极影响所抵消。这一想法与商人们十分一致。但上述类型公共投资的范围相当狭窄，而且当政府实施这一政策时，存在的危险是政府可能最终为了获得一个新的投资领域而试图将交通或公用事业收归国有①。

基于此，人们可能会认为，产业领袖和他们的专家更倾向于补贴大众消费（通过家庭补贴、压低生活必需品价格的补贴等），而不是公共投资；因为通过补贴消费，政府不会从事任何形式的"企业"。但在实践中情况并非如此。实际上，与公共投资相比，这些"专家"更加强烈地反对补贴大众消费，因为此时最重要的道德准则受到了严重威胁。

---

① 应当指出的是，只有按照不同于私营企业的原则对国有产业进行投资才有助于解决失业问题。政府必须满足于比私营企业低的净回报率，或者政府必须从容地安排其投资才能减缓衰退。

资本主义道德的基本准则是"你应该用汗水赚取面包"，除非你刚好拥有私人财产。

（4）我们已经探讨了反对通过政府支出创造就业这一政策的政治原因。但即便这一反对可以被克服，它也可能是大众压力下的结果，维持充分就业还会引起社会和政治变革，这会给产业领袖的反对提供新的动力。实际上，在永久充分就业制度下，"解雇"不再发挥其作为惩罚性措施的作用。企业领导的社会地位会被削弱，工人的自信和阶级意识会增强。要求增加工资和改善工作条件的罢工会造成政治紧张。在永久充分就业制度下，利润确实会比自由放任下的平均水平高一些；即使工人更强的谈判能力导致工资率上升，这也不太可能会减少利润，而是会提高价格，因而仅会对食利阶层产生不利影响。但产业领袖更看重的是"工厂纪律"和"政治稳定"，而不是利润。产业领袖的阶级本能告诉他们，持久的充分就业是不健全的，失业是正常资本主义制度的一个组成部分。

二

（1）以纳粹制度为代表的法西斯主义的一个重要功能是消除资本家对充分就业的反对。

在法西斯主义统治下，对政府支出政策的反感被克服了，因为国家机器在大企业与法西斯主义伙伴关系的直接控制之下。"稳健财政"神话的必要性不再成立，这一神话曾阻止政府通过支出来抵御信心危机。在民主国家，人们不知道下一届政府会是什么样的。在法西斯主义的统治下，不存在下一届政府。

无论是公共投资还是消费补贴，对政府支出的反感都可以通过将政府支出集中在军备来克服。最终，在充分就业情况下，"工厂纪律"和"政治稳定"由"新秩序"维持，包括从镇压工会到集中营。政治压力取代了失业的经济压力。

（2）军备是法西斯主义充分就业政策的支柱，这一事实对其经济特征具有深远影响。

大规模军备与武力扩张和制订战争征服计划是分不开的。大规模军备还促使其他国家竞争性地重整军备。这导致政府支出的主要目标逐渐从充分就业转向确保重整军备的最大效果。与充分就业情况下本应实现的水平相比，由大规模军备所产生的资源稀缺会导致消费削减。

法西斯制度从克服失业开始，发展为一个稀缺的"军备经济体"，不可避免地以战争结束。

三

（1）在资本主义民主国家，反对通过政府支出实现充分就业政策的实际后果是什么？我们将在分析第一节给出的反对理由基础上试图回答上述问题。在第一节中我们指出，产业领袖的反对来自三个方面：首先，原则上反对基于预算赤字的政府支出；其次，要么反对这一支出直接用于公共投资，这可能预示着国家侵入新的经济活动领域，要么反对这一支出用于补贴大众消费；最后，反对维持充分就业，不单单是为了阻止严重且长久的萧条。

现在必须认识到，对于任何形式的旨在缓解经济衰退的政府干预而言，产业领袖能够反对的阶段或多或少地已经过去了。"在经济萧条期必须做些什么"的必要性得到认同，但争论仍在继续：首先，在经济萧条期政府干预的方向应该是什么；其次，是否这样做只是为了缓解经济衰退，还是要确保永久充分就业。

（2）在目前对这些问题的讨论中，通过刺激私人投资对抗萧条的观点一次又一次出现。这可以通过降低利率、减少所得税或者以各种方式直接补贴私人投资来实现。上述方案对"商人"有吸引力这一点并不奇怪。商人们仍然是政府实施干预的媒介。如果商人们对政治状况没有信心，他们就不会被政府收买去进行投资。而且这一干预既不涉及政府"玩弄"（公共）投资，也不涉及在补贴消费上"浪费钱"。

但这可能表明，刺激私人投资并不是能够防止大规模失业的合适方法。这里探讨两种可能情况。首先，利率或所得税（或两者）在萧条期大幅降低，在繁荣期大幅增加。在这种情况下，经济周期的长度和幅度都会下降，但萧条期的就业甚至是繁荣期的就业都可能远低于充分就业，也就是说平均失业率可能相当高，尽管其波动不是那么明显。其次，在萧条期利率或所得税会降低，但在随后的繁荣期不会增加。在这种情况下，繁荣将持续更长时间，但必将以一场新的衰退而告终；诚然，利率或所得税的降低不会消除导致资本主义经济周期性波动的力量。在新的衰退中，有必要再次降低利率或所得税，依此类推。因此，在不太遥远的将来，利率必然会是负的，所得税必然被收入补贴所取代。如果我们试图通过刺激私人投资来维持充分就业，相同的问题就会出现：利率和所得税必须不断降低。

除了上述这一根本弱点之外，通过刺激私人投资来对抗失业还面临一个实际困难。商人们对上述措施的反应是不确定的。如果经济急剧下滑，商人们就可能会对未来持非常悲观的态度，在很长一段时期内利率或所得税的下降可能不会对投资产生多大影响，因而也不会对产出和就业水平产生影响。

（3）即使是那些主张刺激私人投资以对抗衰退的人，通常也不是唯一地依赖私人投资，而是设想私人投资应与公共投资相结合。目前看来，产业领袖和他们的专家（至少其中一些人）倾向于接受将贷款融资的公共投资作为缓解衰退的一种手段。尽管如此，他们似乎仍然一贯反对通过补贴消费来创造就业，反对维持充分就业。

这种状况或许是未来资本主义民主国家经济体制的征兆。在衰退期，无论是否有大众压力，甚至即使没有，通过贷款融资的公共投资也都将用于防止大规模失业。但如果试图用这一方法来维持在随后繁荣期所达到的高水平就业，产业领袖的强烈反对就很可能会出现。正如前文所指出的，持久充分就业并不符合产业领袖的胃口。工人们会"失去控制"，而"产业巨头"会急于"给他们一个教训"。此外，复苏期的价格上涨对大小食利阶层都是不利的，会使他们"厌倦繁荣"。

在上述情况下，大企业和食利阶层之间可能会形成一个强大联盟，他们可能会找不止一个经济学家来宣称目前的情况显然是不健全的。所有这些力量的压力，尤其是大企业的压力，极有可能促使政府回到削减预算赤字的传统政策。衰退随之而来，届时政府支出政策会再次出现。

这种"政治经济周期"模式不完全是臆测的；美国在 1937～1938 年发生了类似的事情。美国 1937 年下半年繁荣的崩溃实际上正是源于预算赤字的大幅削减。另外，在随后的严重衰退中，政府迅速恢复了支出政策。

第十三篇 杜冈－巴拉诺夫斯基
和卢森堡的有效需求问题

（1967 年）

一

当基于马克思扩大再生产框架探讨国民总产出的市场时，杜冈－巴拉诺夫斯基（Tugan-Baranovsky）和卢森堡（Rosa Luxemburg）的观点是截然相反的。杜冈－巴拉诺夫斯基完全否认市场问题可能构成资本主义发展的障碍，他认为资本主义的发展完全取决于生产能力增加。与之相反，卢森堡认为在封闭的资本主义制度中扩大再生产是不可能的，她将资本主义的所有发展都归结为在"外部市场"销售商品的可能性，也就是在世界经济的非资本主义部门销售商品。

最有趣的是，这两位学者在他们的论证中都犯了重要错误，尽管他们的理论都就资本主义经济的某些本质给出了正确描述。杜冈－巴拉诺夫斯基正确地强调了资本主义制度的"对抗特征"，其结果是消费品生产不是资本主义的最终目标，消费品需求也不是资本主义发展的动力。相类似的是，尽管卢森堡关于资本主义发展仅取决于"外部市场"的理论是不正确的，但"外部市场"仍然是资本主义动态的重要组成部分。

这两个理论在今天特别是美国的资本主义中找到了某种交汇点，政府为军备生产而创造的市场发挥了决定性作用。

二

实际上，杜冈－巴拉诺夫斯基的理论是非常简单的：他坚持认为在国民总产出使用的"适当比例"下，有效需求问题不会出现。借助马克思扩大再生产框架的数学阐述，上述观点本质上等同于如下说法，即对于工人和资本家的任何消费水平，只要投资足够大，国民总产出都可以被售出。也就是必须确立消费和投资之间的"比例"，从而全部产出能够被购买。这一比例的扭曲会导致危机，在危机过程中比例的偏差会被纠正。因此，杜冈－巴拉诺夫斯基的根本思想建立在一个错误之上，即可能发生的事情实际正在发生，因为他根本没有解释从长期来看为什么资本家要投资到生产设备充分利用所必需的程度。

杜冈－巴拉诺夫斯基强调，即使在工人消费实际削减和资本家消费稳定的最不利条件下，他的理论也是正确的。显然，消费的下降在理论上确实可以被足够高的投资水平所抵消。顺便说一下，杜冈－巴拉诺夫斯基没有预料到的批评是，资本家可能不愿意通过如此多的投资来利用剩余价值。相反，杜冈－巴拉诺夫斯基回应了另一类批评者，这类批评者认为不合理投资的目的是生产投资品而不是消费品。在以上述方式"纠正"了他的批评者之后，杜冈－巴拉诺夫斯基给出了一个非常明智的答案。

资本主义制度不是一个以满足其公民需求为目的的"和谐"机制，而是一个旨在确保资本家利润的"对抗"机制。结果是，将资本主义制度的发展建立在"煤炭和钢铁"产出扩张的基础之上并不是荒谬的，这些产出扩张仅是为了发展这些商品的生产。只要有利可图，生产"煤炭和钢铁"和生产面包一样是有道理的。消费是"和谐"机制而非"对抗"机制的最终目标和证明。

在我看来，正是杜冈－巴拉诺夫斯基这一部分的论述对分析不同阶段的资本主义运行做出了意义深远的贡献。值得注意的是，尽管杜冈－

巴拉诺夫斯基的理论很"乐观"，但他的理论是非常反资本主义的：正是资本主义的荒谬，使其发展不受为其产品寻找市场问题的影响。

三

我们回到对杜冈－巴拉诺夫斯基理论的批评（这相当于卢森堡对这一理论主题的评述）。杜冈－巴拉诺夫斯基将生产力充分利用所创造的国民总产出的可能使用作为事实，至少在不考虑经济周期的情况下。随之而来的问题是：这一方法当然是有缺陷的，但不意味着杜冈－巴拉诺夫斯基的理论是错误的，只是完全缺乏依据。或许市场的问题根本不会真正构成资本主义经济扩大再生产的障碍。为了完整回答上述问题，有必要构建一个投资决策理论，这一理论需要涵盖资本主义经济动态的各个方面，而不仅仅是与经济周期相关的方面。本文无意阐释这一理论，但我始终认为这一投资决策理论是资本主义政治经济学的核心问题。这里我将试图表明，即使在比杜冈－巴拉诺夫斯基所设想的有利得多的情况下，扩大再生产也绝不是显而易见的，它需要某些支持因素，如创新因素（并不一定是卢森堡的"外部市场"）。

想象一个资本积累过程，比如说每年4%。假定一开始资本设备和劳动力都充分利用。折旧每年为3%，从而总投资等于资本的7%。我们继续假定总利润（包括折旧）占国民总产出的份额不变，总利润在总积累和资本家消费之间的分配也不变。因此，总积累与国民收入之间的关系保持不变。由于投资的缘故，积累过程包括生产设备以每年4%扩张，因为总投资（原文为总积累——译者注）与资本保持不变比率（7%），总积累也以每年4%扩张。考虑到总积累占国民收入的份额恒定，国民收入也将以每年4%的速度增长。因此，设备的充分利用继续，有效需求问题似乎不会出现。

好吧，但为什么资本家会以资本7%的水平继续投资？仅仅是因为这一过程已经持续一段时间，这一投资是"有合理解释的"，或者资本家预期在每年4%的再生产扩张下销售他们的产品不会有任何困难，因而他们毫不犹豫地继续着他们的游戏。

考虑如下一种情况：例如，由于资本家阶级的社会结构发生变化，资本家准备每年仅投资资本的6%（资本家消费占总利润的相对份额不发生变化）。有效需求问题随之立即出现。投资与资本存量的比率下降了1/7，也就是大约14%。生产过剩问题出现：因为利润的积累部分和消费部分之间的关系保持不变，后者相对资本也将下降14%；由于投资品行业和资本家消费品行业的就业下降，工资品的需求以及工资品行业的就业也会下降，直到工人阶级收入相对资本也下降14%，从而利润和工资之间的比率被维持在假定水平。这一生产过剩的普遍情况反过来会对资本家的投资决策产生不利影响。资本家甚至不愿意投资资本的6%，从而导致情况进一步恶化。

是的，有人可能会说，这是典型的危机，危机之后会是繁荣期，波动只是围绕着最初描述的扩大再生产过程发生。但没有任何证据来证实上述观点。在移动均衡被打破之后，4%或3%的长期经济增长可能都不会存在。经济可能会陷入一种伴随着周期性波动的简单再生产状态。

四

进一步思考上述问题：前文表明，即使资本主义的发展可能不会遇到有效需求问题，其发展也是不稳定的。如果没有某种稳定力量的支持，不稳定均衡的过程就会不复存在。就我们的问题而言，或许可以这样说，如果存在某种因素不允许系统保持在简单再生产状态（或者稳定状态），扩大再生产就会发生：简单再生产的初始状态导致一个超过折旧的总投资水平。

首要的影响因素可能是技术创新、发现新的原材料资源等，这些创新和发现为资本家打开了新视角。技术进步不仅表现为旧工厂贬值，这导致旧工厂被新工厂取代；还刺激投资超过上述水平，其理由是"今

第十四篇　阶级斗争和国民收入分配

(1971 年)

一

直到最近人们仍普遍认为，如果工资提高，那么利润会成比例下降。即使在对其他现象的分析中萨伊定律没有被遵守，至少不是严格遵守，在上面的例子中购买力不变也没有受到怀疑。而且，关于工资率增加或减少的分析涉及从利润到工资（或相反）这一绝对转移的实际后果。在工资率增加的情况下，强调的是与更高的工资品支出、更低的投资和资本家消费相一致的资本设备重构，以及因资本替代更加昂贵的劳动力所导致的失业上升趋势。

尽管在今天仍然有相当多的经济学家会以上述方式思考，但这一方法的谬误已经被普遍认识，甚至不同的经济学家会以不同的方式来反驳它。我的反驳如下。假定一个封闭经济体系，所有的工资率都成比例上升。

假定短期内工资率上升的结果是年度工资总额增加 ΔW。我们可以现实地假设工人会花掉他们所有的收入，而且会立即花掉。与之相反，我们可以假定投资和资本家消费由之前时期做出的决策决定，而且不受当期工资上涨的影响。

我们将经济分为三个部门，投资品部门 I、资本家消费品部门 II 和工资品部门 III，包括每个部门各自的中间产品。由此可知，前两个部门的就业不受工资上涨的影响。用 W_1 和 W_2 表示前两个部门在"旧"工资率下的工资总额，当工资上涨 α 比例时，这两个部门工资总额的增量为 $\alpha(W_1 + W_2)$。这两个部门的利润相应下降（假定这两个部门的产品价格没有上涨，这是基于"购买力不变"观点做出的假设）。

但部门Ⅲ的情况有所不同，因为工人会立即花掉因工资上涨而增加的收入。特别是，前两个部门的工资总额增量 $\alpha(W_1 + W_2)$ 必然不可避免地导致工资品部门的利润相应上升。实际上，部门Ⅲ的利润包括向部门Ⅰ和部门Ⅱ的工人出售工资品所得的收入，这些出售的工资品没有被部门Ⅲ的工人消费。因此，部门Ⅰ和部门Ⅱ的工资总额增量 $\alpha(W_1 + W_2)$ 意味着部门Ⅲ利润的同等增加。这一利润增加要么是通过部门Ⅲ的产出增加而发生，要么是通过其产品价格上涨而发生。

结果是总利润保持不变，部门Ⅰ和部门Ⅱ的损失 $\alpha(W_1 + W_2)$ 被部门Ⅲ的同等获利所抵消。由此可知，从利润到工资的绝对转移不会发生，基于萨伊定律的观点被证明是荒谬的，至少就所考察的短期而言。

最后一个条件是必不可少的。有人可能会认为，工资上涨会导致投资和资本家消费下降，虽然不会立即出现，但这一下降会在一定延迟之后出现，如在下一个短期内。在工资上涨之后，如果资本家至少立即决定削减他们的投资和消费，那么上述观点会是正确的。但即便如此，投资和资本家消费的下降也是不太可能的，因为资本家的决策是基于当前经验做出的；如前文所述，在工资上涨的随后短期内，总利润的损失不会发生，因而在下一时期削减投资和资本家消费是没有道理的。如果资本家没有基于工资上涨的事实立即做出削减决策，那么此后他们也不会做出这一决策。结果是下一时期的利润并不会减少。因此，即使考虑了工资上涨的所有可能后果，基于萨伊定律的工资上涨导致利润向工资转移的观点也是荒谬的。

工资削减的情况显然是相同的：无论是在工资削减后的短期内还是在此后，利润增加都不会发生。

二

到目前为止，我们假定投资品和资本家消费品的价格在工资上涨时保持不变，这符合利润向工资转移至工资上涨程度的理论。（前一节在某种意义上相当于对这一理论的归谬证法。）然而事实上情况可能并非如此：相反，在工资上涨的影响下，投资品和资本家消费品的价格将上涨，或许不是在工资上涨后的短期内，而是在此后。但要讨论这一问题以及工资上涨（或者下降）的其他影响，我们需要更多地了解所探讨制度中的价格形成。

我们首先不考虑所有的半垄断和垄断因素，也就是假定所谓的完全竞争。需要马上补充的是，完全竞争是一个最不现实的假设，不仅对资本主义的当前阶段，甚至对过去几个世纪所谓的竞争性资本主义经济也是如此：竞争通常总是不完美的。当完全竞争作为一种易处理模型的实际状况被遗忘时，完全竞争变成了一个危险的神话。

前一节的论述表明，无论是工资上涨后的短期还是在此后，资本家的投资和消费都保持不变。在完全竞争和供给曲线在某一水平之后向上倾斜的假设下，工资率上升必然导致给定产出水平上的价格成比例上升，或许不是在最初的短期内而是在此后。结果是，部门 I 和部门 II 的利润与工资同比例上涨，即 α 倍。

很容易证明工资品的产出和消费也保持不变。实际上，在上述情况下，和其他两个部门一样，部门 III 的利润也与工资同比例上涨，即 α 倍；如前一节所述，部门 III 的利润等于向部门 I 和部门 II 的工人出售工资品所得的收入，因而这些收入必然与部门 I 和部门 II 的工资同比例增加，即 α 倍。如果工资品产出和消费的数量增加或减少，上述情况就是不可能的。

在完全竞争下，三个部门的产出都保持不变，但每个部门的价值都增加 α 倍。总的工资总额和总利润都以这一比例增加，也就是国民收入分配保持不变。

因此，在说明以萨伊定律为基础、认为工资变动对国民收入分配具有直接且全面影响的理论的谬误之后，我们现在到了另一个极端，即工资变动对国民收入分配没有影响。但这一结论是建立在完全竞争这一站不住脚的假设基础之上。事实上，只有抛弃完全竞争假设并深入不完全竞争和寡头垄断的世界，我们才能得到工资谈判对收入分配影响的合理结论。[①]

三

事实上，经济的主要部分似乎可以用一个与完全竞争截然不同的模型来表述。行业中的每一家企业通过"加成"其直接成本 u（包括平均工资成本和原材料成本）得到其产品价格 p，进而弥补间接成本并获取利润。但这一加成水平取决于"竞争"，也就是由"加成"产生的价格 p 与整体行业加权平均价格 $\bar{p}$ 之间的关系：

$$\frac{p-u}{u} = f\left(\frac{\bar{p}}{p}\right) \tag{14-1}$$

其中，f 为减函数[②]，$\bar{p}$ 相对 p 越小，加成水平越高。由方程（14-1）可以得到：

$$p = u\left[1 + f\left(\frac{\bar{p}}{p}\right)\right] \tag{14-2}$$

应当注意的是，行业中不同企业的函数 f 可能是不同的。函数 f 反映了前文提到的半垄断影响，源于不完全竞争或寡头垄断。对于给定的

---

① 在默认银行货币供给有弹性的基础上，我们没有考虑价格上涨对利率的影响。否则更高的货币需求会提高利率，这会对投资以及利润产生不利影响。这一影响似乎是不太重要的，尤其是因为银行利率的变化在长期利率中反映为一个非常小的规模。

② 原文 f 为增函数，阿西马科普洛斯指出了这一问题——译者注。参见：Athanasios Asimakopulos，"A Kaleckian Theory of Income Distribution，" *The Canadian Journal of Economics*，1975，8（3）。

$\dfrac{\bar{p}}{p}$，垄断因素越强，$f\!\left(\dfrac{\bar{p}}{p}\right)$ 越大。一般而言，不同企业的价格 p 是不同的，源于不同企业直接成本 u 和函数 f 的差异。

价格体系得以确立。实际上，如果行业有 s 家企业，那么将有 $s+1$ 个价格有待确定，即 p_1、p_2……p_s 和 $\bar{p}$，以及 s 个方程（14-2）。

给定函数 f，如果所有的直接成本 u 都增加 α 倍，那么所有的价格 p_1、p_2……p_s 和 $\bar{p}$ 也都增加 α 倍。实际上，这是满足方程（14-2）的解，因为根据假定 u 增加 α 倍而 $\dfrac{\bar{p}}{p}$ 保持不变。

但如果仅有一家企业的直接成本 u_k 增加（给定函数 f），那么显然 p_k 仅会增加很小的比例，因为 $\bar{p}$ 不会随 u_k 同比例上升。

四

由于产品价格 p 通常并不相等，上述情况严格适用于不完全竞争或差异化寡头，但不适用于非差异化寡头或垄断。尽管如此，除了基本原材料通常符合完全竞争的情况，事实上大多数产品的价格都是差异化的。（不应忘记的是，相同运输成本但不同交货时期的相同产品也可能会有不同的价格。）

因此，如果我们假定实际经济由上述模型所描述的部门和符合完全竞争下价格形成的基本原材料部门构成，那么这似乎是对实际经济的一个非常好的近似。

试想一下，在上述类型的封闭经济中，所有行业的工资率同比例增加 α 倍。结果是所有的价格也将上涨 α 倍，前提是相关行业的函数 f 不发生变化。由此可知，在满足上述条件的情况下，我们可以得出和第二节完全竞争经济下相同的结论，即在封闭经济中货币工资的普遍增加不会改变国民收入分配。货币工资下降的情况也是如此。尽管如此，我们认为函数 f 取决于工会活动。

五

高加成水平的存在将鼓励强大的工会争取更高工资，因为他们知道企业能够"负担得起"这一支付。如果工会的需求得到满足，而函数 f 没有发生变化，那么价格将上涨。价格上涨会导致新一轮的更高工资需求，这一过程会随价格水平不断上升而持续。但显然行业不会喜欢这样一个过程，这使得产品变得越来越昂贵，因而与其他行业产品相比竞争力更低[①]。总的来说，工会力量抑制了加成水平，也就是工会力量导致 $f\left(\dfrac{\bar{p}}{p}\right)$ 比所设想的情况低一些。

现在，工会力量体现在所要求的和所实现的工资增加规模上。如果通过惊人的努力，谈判能力增强得以实现，函数 $f\left(\dfrac{\bar{p}}{p}\right)$ 就会向下移动，加成水平下降。从利润到工资的国民收入再分配随之发生。但这一再分配要比价格稳定时的再分配小得多。某种程度上，工资增加"转嫁给了消费者"。"正常的"工资增加通常不会影响函数 f，但由于劳动生产率提高，加成水平可能会越来越高。

六

试想一下，工资的大幅上涨在一定程度上抑制了加成水平，以至于从利润到工资的国民收入再分配发生。由第一节可知，部门Ⅲ的利润将与工资率同比例增加。但由于加成水平下降导致从利润到工资的国民收入再分配，部门Ⅲ的工资总额增长超过工资率，也就是部门Ⅲ的产出和就业会增加。结果是，部门Ⅰ和部门Ⅱ的产出和就业保持不变，部门Ⅲ

---

① 简便起见，我们假定所有的工资率都以相同比例同时增加，但现实来看行业间的讨价还价一直存在。

的产出和就业增加。或者投资和资本家消费保持不变，但工人消费将增加。上述总产出和就业的扩张是很可能发生的，因为我们的半垄断定价模型（见第三节）事实上预先假定了过剩产能存在。

至于工资总额的（货币）价值，显然其增加比例高于工资率。但总利润的增加比例将小于工资率：实际上，部门Ⅲ的利润与工资率成比例增加，部门Ⅰ和部门Ⅱ的就业保持不变，但由于加成水平下降，后两个部门的利润增加小于工资率。[①]

如果工会力量减弱，上述过程就会反过来。部门Ⅰ和部门Ⅱ的产出和就业保持不变，而部门Ⅲ的产出和就业会下降。或者投资和资本家消费保持不变，但工人消费会下降。因此，总的产出和就业会下降。工资总额的下降会高于工资率，利润的下降会小于工资率。[②]

由于加成水平下降往往会增加总产出，在完全竞争情况下这会导致基本原材料价格相对工资上涨。结果是，产出和就业的增加在某种程度上被抑制了。同理，基本原材料价格这一因素在某种程度上也抑制了加成水平上升所导致的产出和就业下降。

由前文可知，反映工会力量增强的工资上涨导致就业增加，这与古典经济学的观点正相反。反过来，反映工会谈判能力弱化的工资下降导致就业下降。在大萧条时期，工会能力弱化表现为允许工资削减，这加剧了失业，而不是减轻了失业。

七

如前文所述，反映在工会谈判中的阶级斗争可能会影响国民收入分配，但其方式要比"当工资提高时利润就会相应下降"的浅显学说所

---

① 这一点取决于如下条件。由于总产出增加，基本原材料的价格将上升，尤其是那些部门Ⅰ或部门Ⅱ与部门Ⅲ都使用的原材料。尽管不是非常可能，但上述情况可能会抵消部门Ⅰ和部门Ⅱ加成水平下降对收入在利润和工资之间分配的影响。不管怎样，总利润的增加比例都将低于工资总额。

② 与前一个脚注中所阐述的条件相类似。

表达得更为复杂。浅显学说被证明是完全错误的。发生的转变首先与资本主义制度中普遍存在的不完全竞争和寡头垄断相关。其次，浅显学说被局限在相当狭小的范围内。不管怎样，日常谈判过程都是国民收入分配的一个重要共同决定因素。

应当指出的是，在工资谈判之外还可能有其他的阶级斗争形式，它们会以更加直接的方式影响国民收入分配。例如，为降低生活成本而可能采取的措施。这可以通过价格控制来实现，尽管其管理可能是困难的。还有另一种可能选择，即工资品价格补贴，补贴是通过直接向利润征税来融资的。顺便说一下，补贴工资品价格不会影响总的净利润：这一观点与第一节中工资上涨的情况是相同的。价格控制的影响也是如此。即便议会中与工会有联系的政党不采取上述措施，工会力量也可以用于动员罢工来予以支持。传统的日常谈判过程并不是影响国民收入分配且使其有利于工人的唯一方法。

八

如前文所述，只有当过剩产能存在时，从利润到工资的收入再分配才是可行的。否则工资相对工资品价格增加是不可能的，因为价格由需求决定，函数 f 不再起作用。我们回到了第二节所描述的情况，工资上涨不会影响收入再分配。

工资品的价格控制将导致商品稀缺和无序分配。同样，只有在长期通过刺激工资品行业的投资，工资品价格补贴（由直接向利润征税来融资）才能降低价格。

尽管如此，应当指出的是，即使政府干预的结果是避免严重萧条，一般而言当代资本主义离资源充分利用的状态仍十分遥远。制成品价格是在成本基础上制定的，而不是由需求决定的，这一事实非常好地表明了上述观点。

第十五篇　趋势和经济周期

(1968 年)

一　引言

当代资本主义经济增长理论往往从移动均衡（moving equilibrium）的视角探讨趋势和经济周期的问题，而不是采用经济周期理论中应用的类似方法。后者包括确立两个关系：一个是基于投资产生的有效需求对利润和国民收入的影响；另一个表明投资决策通常由经济活动的水平和变化率决定。第一个关系不涉及特别复杂的问题。在我看来，第二个关系仍然是经济学的核心问题。

在面对长期增长问题时，我不认为经济周期理论中应用的方法应该被废除。事实上，长期趋势只是一系列短期状况的缓慢变化部分；长期趋势没有独立的实体，前面提到的两个基本关系应以一种产生趋势 – 经济周期（trend-cum-business cycle）现象的方式来表述。诚然，这一任务要比另一种抽象情况即"纯经济周期"困难得多，而且如下文将要表明的，这一探讨的结果是不那么"机械的"。尽管如此，上述理由不能使我们放弃经济周期理论的方法，在我看来这一方法是对资本主义经济动态进行现实分析的唯一关键。

我在 1954 年文集以及 1962 年发表在 *Economic Journal* 上的《增长理论审视》（Observations on the Theory of Growth）中探讨了上述问题，但我不是十分满意：我首先提出了一个稳态经济的"纯经济周期"理论，随后修改了相关方程以便将趋势纳入其中。由于将短期影响和长期影响分离，我忽略了影响整个动态过程的技术进步的某些后果。现在，我将尽量避免将论证分为两个阶段，正如我将尽量避免将移动均衡的方法应用于增长问题一样。

二　假设

本文的简化假设分为几类。假定封闭经济，不考虑政府活动，集中在一个自给自足的自由放任资本主义经济。我们还忽略了工人储蓄，这一点明显是不重要的。

简便起见，我们还做了一些不太现实的假设；即使将这些因素考虑在内，结论也基本上不会改变，但会变得复杂。我们忽略了消费支出的时滞。这一点对于工人消费是现实的，但对于资本家消费则不然。尽管如此，如果强调投资决策和投资之间的时滞，那么忽视利润和资本家消费之间的时滞并不会扭曲分析。

同样，我们没有考虑间接劳动（主要包括薪酬收入者），假定所有的劳动收入都是主要成本。如果不是因为我们在资本家消费中区分了不依赖于当前利润水平的部分，上述假定就会再次扭曲经济周期中投资与国民收入之间关系的变化。这一因素导致在经济周期过程中总投资的变化比例高于利润和国民收入的变化比例。因此，具有类似影响的间接劳动因素可以被忽略，并不会扭曲常见的经济周期形式。

最后，最极端的简化是忽略存货变化，从而投资仅限于固定资本。如果不是因为我们的投资决策方程包含与所考察时期利润增量成比例的一项，那么上述假设是不能接受的。由于假定存货与国民收入同比例增加，国民收入在我们的模型中与利润又有稳定关系，上述假定阻止了对资本主义经济动态的扭曲。

简而言之，我们确实做了极端简化以使读者集中在最基本的问题，但没有"将婴儿和洗澡水一起倒掉"。

三　投资、储蓄、利润和国民收入

某一时期的固定资本投资总额为 I，总储蓄为 S，资本家消费为 C_k，总利润为 P，所有的数量都按不变价格计算。由于是封闭经济，政府支出和收入忽略不计，假定工人不储蓄，省略存货增加，可以得到：

$$S = I \qquad\qquad (15-1)$$

$$P = I + C_k \qquad\qquad (15-2)$$

此外，在忽略资本家消费和利润之间时滞的情况下，可以近似得到：

$$C_k = \lambda P + A \qquad\qquad (15-3)$$

其中 λ 相当小，A 是一个依赖于过去经济和社会发展的缓慢变化量。我们将 A 称为半自主变量（semi-autonomous variable），因为我们并不试图将它与其他任何变量相联系，因而至少在当前阶段 A 被视为一个缓慢变化的时间函数 $A(t)$。由方程（15-2）和方程（15-3）可以直接得到：

$$P_t = \frac{I_t + A(t)}{1 - \lambda} \qquad\qquad (15-4)$$

用 m 表示 $\dfrac{1}{1-\lambda}$，m 大于 1 但并不比 1 大很多，上述方程就为：

$$P_t = m[I_t + A(t)] \qquad\qquad (15-4')$$

接下来我们简要探讨总利润 P 和国民收入 Y 之间的关系。用 q 表示比率 $\dfrac{P}{Y}$，这一参数在长期可能会发生重要变化，但在我们的方程中 q 被视为一个常数，理由如下。

首先，因为我们没有考虑间接劳动，所有的劳动成本都是主要成本。但正如我在此前研究中一再指出的，主要成本占国民收入的相对份额取决于主要成本之上的加成水平以及单位工资成本与基本原材料价格之间的关系。

其次，只要经济中的资源远没有达到充分利用——我相信这是发达资本主义经济的典型状态——加成水平就由半垄断和垄断因素决定，我称之为"垄断程度"（degree of monopoly）。在我看来，正是这一术语使理论被认为是"同义反复的"（tautological），因而被摒弃。但正如我在1954年文集中所表明的，我相信这并不涉及同义反复的问题。如果价格不是由设备充分利用时的供求均衡决定，那么价格无疑是企业基于平均主要成本以及行业产品平均价格来制定的。

通过假定 $q = \dfrac{P}{Y}$ 为常数，我们将讨论限定在定价过程以及单位工资成本与基本原材料价格比率的变化不会导致 q 发生变化的情况。当然，在上述情况下 q 可以是一个不变的参数，但 q 也可以被视为确保资源充分利用的工具（通过价格相对需求的灵活性），上述两种方法的假设是不相容的。（在后一种方法中，经济周期似乎仅是由于这一工具的不完美而导致的"偏离充分就业"。）不管怎样，我们都认为后一种方法是完全不现实的，因为自由放任资本主义经济仅能在繁荣期顶部实现差不多的资源充分利用，在通常情况下是达不到的。充分就业繁荣也不是经济周期的主要部分。

因此，我们可以坚持 q 为常数的假设，进而有：

$$Y = \frac{P}{q} \tag{15-5}$$

四 投资决策（一）

我们尝试以某种新颖的方式探讨投资决策的决定问题。但在讨论之前，我们首先引入一个给定时期投资水平的概念，在这一给定时期内新设备会产生一定的毛利润率。这一"标准利润率"（standard rate of profit）是所谓"回报期"（pay-off period）的倒数，在回报期投资的资金被收回。

用 π 表示这一标准利润率。此外，用 $I(\pi)$ 表示新投资水平，这一新投资水平 $I(\pi)$ 在所考察时期的普遍情况下会"获得"利润率 π。显然，在其他条件不变的情况下，投资水平越高，所"获得"的利润率越低。因此，如果新设备实际产生的利润率高于 π，那么 $I(\pi)$ 高于实际投资 I，反之亦然；如果实际产生的利润率等于 π，那么显然 $I(\pi) = I$。

我们试图确定 $I(\pi)$ 的决定因素。如果暂时不考虑技术进步导致的生产率提高，那么可以假定 $I(\pi)$ 与所考察时期从开始到结束的"实际"利润增量 ΔP 成比例。由于大量未使用生产能力的存在，新投资将仅能获得利润的一部分，即 $n\Delta P$，n 相当小。因此，由于 $I(\pi)$ 被定义为获得利润率 π 的投资水平，在目前所讨论的情况下，$I(\pi) = \dfrac{n\Delta P}{\pi}$。

现在引入技术进步的影响。给定所考察时期的"实际"总利润 P，"实际"国民收入 Y，可以得到"实际"劳动成本 $Y-P$。这一劳动成本与旧设备下的劳动成本水平大致相同，因为与已有资本设备的总生产能力相比，所考察时期内投入使用的新生产能力是很小的。在所考察时期内，由于技术进步导致生产率提高，旧设备的"实际"劳动成本将上升，Y 和 P 都按不变价格计算。

劳动成本增加的结果是旧设备产生的利润将下降。如果产品价格是同一的，那么产出的转移仅会通过淘汰某些陈旧的设备来实现，利润的转移会通过降低正在运行的旧设备的利润边际来实现。但事实上产品的市场价格并不同一，利润的转移还可以部分地通过正在运行旧设备向新设备的产出转移来实现。由此可知，在所考察时期内旧设备产生的利润将下降 $\alpha(Y-P)$，技术进步导致的生产率增长率越高，α 就越大。

给定总利润 P，旧设备的利润损失即新工厂所获得的利润。事实上，投资水平 $I(\pi)$ 所获得的利润将是 $n\Delta P + \alpha(Y-P)$，而不是 $n\Delta P$，$I(\pi)$ 的方程相应修改为：

$$I(\pi) = \frac{n\Delta P + \alpha(Y-P)}{\pi} \qquad (15-6)$$

作为获得"标准利润率"π 的投资水平问题的初步近似，我们将 n 和 α 视为常数。上述方程传递了一个事实，即获得"标准利润率"π 的投资水平取决于两个基本因素：总利润的增量，技术进步导致的旧设备向新设备的利润转移。

我们用 δ 表示 $\alpha\left(\dfrac{1}{q}-1\right)$[①]，根据方程（15－5）可以得到：

$$\alpha(Y-P)=\alpha\left(\frac{P}{q}-P\right)=P\alpha\left(\frac{1}{q}-1\right)=\delta P \qquad (15-7)$$

因此，方程（15－6）可以改写为：

$$I(\pi)=\frac{n\Delta P+\delta P}{\pi} \qquad (15-8)$$

五　投资决策（二）

我们分两个阶段处理投资决策问题。在这一节中，我们将忽略一个相当复杂但十分重要的因素。在下一节中，我们将引入这一因素。

假定某一时期的投资决策取决于两个方面的考虑：首先，这一时期的企业家总储蓄（包括控股股份公司的分红）；其次，再投资的前提条件。

前者与作为投资基础的企业家资本问题有关，因为有限的资本市场和利用资本市场所涉及的"风险递增"（参见第九篇文章）。

企业家储蓄再投资的前提条件，即某一时期的投资决策是等于、大于或小于企业家储蓄，与新投资的"正常利润率"π 紧密相关。假定所考察时期内获得利润率 π 的投资刚好等于实际投资，也就是 $I(\pi)=I$，那么企业家储蓄刚好被再投资。如果 $I(\pi)>I$，那么企业家储蓄再投资不足，反之亦反之。因此，用 D 表示所考察时期内的投资决策，用 E 表

[①]　由于陈旧，设备产生的利润以每年 δ 的比例下降，这实际上是字面意义上的折旧率，因为资本设备盈利能力的大幅下降可以视为"实际价值"的大幅下降，参见第十节。

示企业家储蓄，二者关系为：

$$D = E + \gamma \left[I(\pi) - I \right]$$

其中 γ 是用来衡量企业家对差值 $I(\pi) - I$ 反应强度的参数。将方程（15 – 8）中的 $I(\pi)$ 替换到上述方程中，可以得到：

$$D = E + \gamma \left(\frac{n\Delta P + \delta P}{\pi} - I \right)$$

我们假定企业家储蓄和食利者储蓄（后者要小得多）之间有恒定关系，从而有：

$$E = eS \qquad\qquad (15 - 9)$$

e 比 1 小，但小不了太多，同时根据 $S = I$ 即方程（15 – 1），可以得到：

$$D = eI + \gamma \left(\frac{n\Delta P + \delta P}{\pi} - I \right)$$

与其他投资决策问题的解决方法相比（包括我此前的研究），上述方程中单位时间投资决策 D 的典型特征是 δP 项，它明确地表明新工厂更高的劳动生产率对投资的刺激，使新工厂能够从旧设备中获取利润。在其他理论（包括我自己的理论）中，考虑这一因素的不太完美的替代方法是采用净投资而不是总投资来进行论证。

六　投资决策（三）

投资决策方程必须加以补充，以考虑一个额外因素。前文论证是建立在如下想法之上，即企业家会仔细审视新投资的盈利能力，并在此基础上做出决策，再投资是刚好等于储蓄水平，还是超过储蓄水平，抑或小于储蓄水平：这取决于新实际投资的利润率是等于、高于还是低于"标准利润率"π。新投资表现如何的一个重要因素是技术进步带来的生产率提高，这导致利润从旧设备向新设备转移。但创新还有一个影响。

在所考察时期内，新发明进入企业家的视野。因此，与那些在所考察时期内投资实现的企业家相比，采用新发明的企业家期望从他们的投资中获得更大的回报。事实上，就投资企业家整体而言，上述这一点是不成立的：如果生产率的提高没有加速，下一时期实现的投资收益平均来看就不会比当前时期高。尽管如此，那些最先利用新技术的企业家要比平均水平好一些。

考虑到对投资的这一额外刺激，这是创新的直接结果，我们在投资决策方程的右侧加上一个缓慢变化量，这一缓慢变化量取决于过去的经济、社会和技术发展，类似于资本家消费的稳定部分。至少在现阶段，这一半自主变量可以被视为一个缓慢变化的时间函数 $B(t)$。由此投资决策方程为：

$$D_t = eI_t + \gamma\left(\frac{n\Delta P_t + \delta P_t}{\pi} - I_t\right) + B(t) \qquad (15-10)$$

七 投资动态方程

投资决策和实际投资之间的时滞用 τ 表示，即：

$$D_t = I_{t+\tau} \qquad (15-11)$$

因而方程（15-10）可以改写为：

$$I_{t+\tau} = (e-\gamma)I_t + \frac{\gamma}{\pi}(n\Delta P_t + \delta P_t) + B(t)$$

用方程（15-4′）替换上述方程中的利润 P_t，可以得到：

$$I_{t+\tau} = \left(e - \gamma + \frac{\gamma}{\pi}m\delta\right)I_t + \frac{\gamma}{\pi}mn\Delta I_t + \frac{\gamma}{\pi}m\delta A(t) + \frac{\gamma}{\pi}mn\Delta A(t) + B(t)$$

$$(15-12)$$

引入以下标记：

$$a = e - \gamma + \frac{\gamma}{\pi}m\delta = e - \gamma\left(1 - m\frac{\delta}{\pi}\right) \qquad (15-13)$$

$$b = \frac{\gamma}{\pi} mn \qquad\qquad (15-14)$$

$$F(t) = \frac{\gamma}{\pi} m\delta A(t) + \frac{\gamma}{\pi} mn\Delta A(t) + B(t) = \frac{\gamma}{\pi} m\delta A(t)\left(1 + \frac{n}{\delta}\frac{\Delta A(t)}{A(t)}\right) + B(t)$$

$$(15-15)$$

我们假定 $a < 1$，考虑到相关参数的可能数值，这一假定似乎是合理的。首先，e 是企业家储蓄占总储蓄的相对份额，小于 1。其次，$m\frac{\delta}{\pi}$ 很可能也小于 1。实际上，m 比 1 大不了太多（见第三节）。但 π 大概率高于 δ，原因如下。"标准利润率"是所谓"回报期"的倒数，在回报期企业家期望"正常"收回投资的资本。就整体经济而言，可以假定回收期不超过 6~7 年，因而 π 可以假定大约为 15%。根据方程 （15-7），$\delta = \alpha\left(\frac{1}{q} - 1\right)$，其中 α 是与旧设备有关的年度"实际"劳动成本增加的比例，q 是利润占国民收入的相对份额。显然，δ 几乎不会超过 5%。因此，我们的结论是 $e < 1$，$\gamma\left(1 - m\frac{\delta}{\pi}\right) > 0$，由此可以直接得出 $a < 1$。

至于方程（15-15）决定的函数 $F(t)$，它可以假定为一个由过去经济、社会和技术发展所决定的缓慢变化时间函数。实际上，$A(t)$ 和 $B(t)$ 都假定是这一类型的函数。此外，我们将缓慢变化时间函数解释为年增量仅为其水平一小部分的函数。我们假定 $\left|\frac{n}{\delta}\frac{\Delta A(t)}{A(t)}\right|$ 小于 1（n 相当小，参见第四节）。显然，在上述意义上，$F(t)$ 也是一个缓慢变化时间函数。

基于此，投资动态方程为：

$$I_{t+\tau} = aI_t + b\Delta I_t + F(t) \qquad\qquad (15-12')$$

其中 a、b 和 $F(t)$ 分别由方程（15-13）、方程（15-14）和方程（15-15）决定；假定 a 小于 1，$F(t)$ 是一个植根于过去发展的缓慢变化时间函数。

八 投资的趋势和经济周期部分

在关于缓慢变化时间函数 $F(t)$ 的一定假设下，方程（15 – 12′）有一个特殊解，一个正稳态时间函数（a positive steady function of time）y_t，方程如下：

$$y_{t+\tau} = a\, y_t + b\Delta\, y_t + F(t) \qquad\qquad (15 - 16)$$

方程（15 – 12′）减去方程（15 – 16），可以得到：

$$I_{t+\tau} - y_{t+\tau} = a(I_t - y_t) + b\Delta(I_t - y_t) \qquad\qquad (15 - 17)$$

方程（15 – 17）因产生 $I_t - y_t$ 的周期性波动而为人所熟知。（必要条件是 $a < 1$，根据前一节的论证，这一条件是可以满足的。）

y_t 的确定是相当复杂的。我们假定 $F(t)$ 是如下类型函数，它使得方程（15 – 16）可以由稳定但缓慢变化的 y_t 来满足（这意味着 $\left|\dfrac{\Delta\, y_t}{y_t}\right| \leqslant \beta$，$\beta$ 很小）。这种函数 $F(t)$ 确实存在，如指数函数 $F(t) = ce^{\beta t}$。实际上，方程（15 – 16）可由如下 y_t 满足，当 β 足够小时，分母为正：

$$y_t = \frac{e^{\beta t}}{1 - a + ce^{\beta t} - 1 - b^{\beta}}$$

上述类型函数包括很广泛的类别，粗略来说涵盖和指数函数相近的函数，也就是在短期内与指数函数差别不大的函数，尽管在足够长的时期内情况可能并非如此。

对方程（15 – 16）做如下变换：

$$y_{t+\tau} - a\, y_t - b\Delta\, y_t = y_{t+\tau} - y_t + (1 - a)y_t - b\Delta\, y_t = F(t)$$

由此可知：

$$y_t = \frac{F(t)}{1 - a + \dfrac{y_{t+\tau} - y_t - b\Delta\, y_t}{y_t}}$$

根据我们的假设，y_t 是一个正稳态时间函数，而且投资决策和投资之间时滞仅有几年，因而有（γ 同样相当小）：

$$\left| \frac{y_{t+\tau} - y_t - b\Delta y_t}{y_t} \right| \leqslant \gamma$$

由此得到方程（15 – 12′）的特殊解：

$$y_t = \frac{d_t}{1-a} F(t) \tag{15 – 18}$$

$$\frac{1}{1+\dfrac{\gamma}{1-a}} \leqslant d_t \leqslant \frac{1}{1-\dfrac{\gamma}{1-a}} \tag{15 – 19}$$

用 ζ 表示 $\left| \dfrac{\Delta F(t)}{F(t)} \right|$ 的最大值。由条件即方程（15 – 19）可知，一段时期内 y_t 的平均变化率与 $F(t)$ 的平均变化率差别不大，因而在绝对值上 y_t 的平均变化率不会超过 $F(t)$ 的最大变化率 ζ 太多。

或者可以换一种说法来描述一个特殊例子：如果一段时期内 $F(t)$ 表现出上升趋势，在这一时期内 y_t 的平均增长率近似等于 $F(t)$ 的平均增长率，因而不会超过 ζ 太多。

我们现在做如下表示，其中 y_t 是趋势部分（不一定是上升的），$I_t - y_t$ 为对应方程（15 – 17）的周期性部分：

$$I_t = y_t + (I_t - y_t) \tag{15 – 20}$$

基于方程（15 – 4′），我们可以推导出对应的利润方程，显然 $m[y_t + A(t)]$ 是趋势部分，$m(I_t - y_t)$ 是利润的经济周期部分，即：

$$P_t = m[I_t + A(t)] = m[y_t + A(t)] + m(I_t - y_t) \tag{15 – 21}$$

至于国民收入，基于方程（15 – 5）可以得到：

$$Y = \frac{P_t}{q} = \frac{m}{q}[y_t + A(t)] + \frac{m}{q}(I_t - y_t) \tag{15 – 22}$$

九 趋势部分的探讨

目前，我们只知道投资、利润和国民收入的趋势成分是时间的正函数，这些趋势部分在较长时期内表现出与 $F(t)$ 大致相同的平均变化率。根据上述观点，我们并不能确定趋势部分是增加还是下降。顺便说一下，后一种情况一点也不荒谬：它实际上可能会发生。现在我们将试着勾勒出一种确实存在增长趋势的经济状况。

试想一下，在一个相当长的最初 s 年时期，利润以及国民收入在消除周期性波动之后表现出明显增加。这似乎是一个合理假设，在上述时期之后，资本家消费的稳定部分 $A(t)$ 和创新对投资的直接影响 $B(t)$ 往往会继续增加，除非社会模式或者发明潮的某些变化扰乱了这一趋势。上述情况意味着 $F(t)$ 在这一时期也将增加，根据前一节的论述，投资、利润以及国民收入的趋势部分都将增加。因此，与最初的 s 年时期相比，利润和国民收入在新的 s 年时期内将呈现上升趋势，这将使 $A(t)$ 和 $B(t)$ 继续上升。通过这种方式，经济增长的趋势被证明是自我维持的。

如前文所述，在一个较长时期内，y_t 的平均变化率不会超过 $F(t)$ 的最大变化率 ζ 太多。如果资本家消费的稳定部分 $A(t)$ 的最大变化率不超过 ζ，那么根据方程（15-21）和方程（15-22），利润和国民收入的最大变化率也不会超过 ζ。

到目前为止，我们已经探讨了投资、利润和国民收入的趋势问题。那么，是否可能采用我们的方法来探讨固定资本存量的增长率和产能利用率的"趋势值"等问题？对于这些问题，我们认为垄断程度（它显著影响利润占国民收入的相对份额）和函数 $F(t)$ 的变化率上限 ζ 是至关重要的。但在探讨这些问题之前，有必要给出净投资和固定资本存量的定义。

十　折旧、固定资本存量和净投资

我们在字面意义上定义资本主义经济的折旧率。根据第四节，由于技术进步，旧设备产生的利润每年减少 δ 的比例。因此，设备的盈利能力会下降同一比例。旧设备的"实际价值"可以合理地假定为以每年 δ 的比例减少①。固定资本存量 K 的"趋势实际价值"可以如下方式计算：

$$K_t = y_t + y_{t-1}(1-\delta) + y_{t-2}(1-\delta)^2 + \cdots \qquad (15-23)$$

t 时期的折旧为 δK_t。因此，净投资的"趋势价值"为：

$$\Delta K_t = y_t - \delta K_t \qquad (15-24)$$

固定资本存量的增长率：

$$\frac{\Delta K_t}{K_t} = \frac{y_t}{K_t} - \delta \qquad (15-24')$$

在我看来，与基于设备实际报废的方法相比，这里概述的折旧问题解决方法更加现实。设备可能不会报废，但会陈旧，可能会没有什么实际用途，这无疑表明了报废定义的弱点。我们这里所设想的与商业概念更加接近，当然并不需要假定 δ 等于传统意义上的折旧率，后者主要是方便计算应税收入。②

方程（15-23）③ 允许我们在假定函数 $F(t)$ 的基础上估计固定资本存量 K_t 的下限。将方程（15-18）代入方程（15-23），可以得到：

---

① 参见第四节的脚注。

② 由方程（15-16）很容易看到，在 $F(t)$ 为常数 F 的情况下，y_t 等于常数 $\dfrac{F}{1-a}$。根据方程（15-23），此时 K_t 等于 $\dfrac{F}{(1-a)\,\delta}$，因而折旧 δK_t 等于 $\dfrac{F}{1-a}$，或者等于投资。上述情况将是一个稳态经济，其中周期性波动围绕着折旧水平发生。

③ 原文为方程（15-22），应为方程（15-23）——译者注。

$$K_t = \frac{1}{1-a}\left[d_t F(t) + d_{t-1} F(t-1)(1-\delta) + d_{t-2} F(t-2)(1-\delta)^2 + \cdots \right]$$

根据方程（15-19），由于 $d_t \geqslant \dfrac{1}{1+\dfrac{\gamma}{1-a}}$，而且 $F(t)$ 的变化率不

会高于 ζ，我们得到如下不等式：

$$K_t \geqslant \frac{F(t)}{(1-a)(1+\frac{\gamma}{1-a})}\left[1 + \frac{1-\delta}{1+\zeta} + \left(\frac{1-\delta}{1+\zeta}\right)^2 + \cdots \right]$$

$$= \frac{F(t)}{1-a+\gamma}\frac{1}{1-\frac{1-\delta}{1+\zeta}} = \frac{(1+\zeta)F(t)}{(1-a+\gamma)(\zeta+\delta)} > \frac{F(t)}{(1-a+\gamma)(\zeta+\delta)}$$

但从方程（15-18）和方程（15-19）可知：

$$y_t \leqslant \frac{F(t)}{(1-a)\left(1-\frac{\gamma}{1-a}\right)} = \frac{F(t)}{1-a-\gamma}$$

因此，有：

$$\frac{y_t}{K_t} < (\zeta+\delta)\frac{1-a+\gamma}{1-a-\gamma} \tag{15-25}$$

$$\frac{\Delta K_t}{K_t} = \frac{y_t}{K_t} - \delta < \zeta\frac{1-a+\gamma}{1-a-\gamma} + \delta\frac{2\gamma}{1-a-\gamma} \tag{15-26}$$

由此可知，$F(t)$ 的最大变化率 ζ 是资本积累率上限的一个重要决定因素。因为 γ 相对 $1-a$ 非常小，很容易看到这一上限接近 ζ。

十一 生产能力的长期利用率

由前一节可知，精确定义生产能力是很困难的。现有资本设备的一些要素仅能以非常高的成本生产，而且没有什么实际重要性。暂时不考虑生产技术的可能性变化，我们似乎可以合理地假定"实际生产能力"和前文定义的固定资本存量 K 之间有一个大致比例关系。实际上，通过每年 δ 比例的持续折旧，陈旧要素的重要性在减弱。因此，生产能力可

以用 hK 来表示，系数 h 反映了平均的生产技术。

基于这一生产能力定义，我们现在可以探讨"设备利用程度趋势"的问题。根据方程（15 – 22），国民收入的趋势部分为：

$$\frac{m}{q}[y_t + A(t)] \text{ 或 } \frac{m}{q}y_t\left[1 + \frac{A(t)}{y_t}\right]$$

因此，生产能力利用程度 u_t 可以表示为：

$$u_t = \frac{\frac{m}{q}y_t\left[1 + \frac{A(t)}{y_t}\right]}{h\,K_t} = \frac{m}{hq}\frac{y_t}{K_t}\left[1 + \frac{A(t)}{y_t}\right] \tag{15 – 27}$$

在方程（15 – 25）的基础上可以得到 $\dfrac{y_t}{K_t}$ 的上限，由此：

$$u_t < \frac{m}{h}\left[1 + \frac{A(t)}{y_t}\right]\frac{1 - a + \gamma\zeta + \delta}{1 - a - \gamma}\frac{+\delta}{q} \tag{15 – 28}$$

因此，设备利用程度的上限在很大程度上取决于 $\dfrac{\zeta + \delta}{q}$，我们接下来将详细探讨这一比率。

根据方程（15 – 7），$\delta = \alpha\left(\dfrac{1}{q} - 1\right)$，也就是说利润占国民收入的相对份额越高，与旧设备相关的"实际成本"增加对利润率下降的影响越小。由此可知：

$$\frac{\zeta + \delta}{q} = \frac{1}{q}\left[\zeta + \alpha\left(\frac{1}{q} - 1\right)\right]$$

因此，设备利用程度受 q（在很大程度上取决于垄断程度）和函数 $F(t)$ 的增长率上限 ζ 影响[1]。这可以很容易地通过下面的例子来说明：

---

[1]　q 和 ζ 的水平不显著影响 $\dfrac{A(t)}{y_t}$ 和 $\dfrac{1 - a + \gamma}{1 - a - \gamma}$，这两个因素也进入了方程（15 – 28）所决定的利用程度上限的表达式。

ζ	0.05	0.05	0.04
α	0.04	0.04	0.04
δ	0.45	0.50	0.50
$\dfrac{\zeta + \delta}{q}$	0.22	0.18	0.16

显然，q 和 ζ 的某些组合将导致设备长期利用不足，这是发达资本主义经济的一个常见现象。

十二　结语

前文的分析表明，在我们的方法中，给定时期的增长率植根于过去的经济、社会和技术发展，而不是完全由我们方程的系数决定的。这实际上与纯粹"机械论的"理论方法（通常是基于错误的先验假设如设备长期利用程度不变）截然不同，但在我看来似乎更加接近发展过程的现实。我认为，对增长问题的进一步探讨不应指向不存在 $A(t)$ 或 $B(t)$ 等半自主变量的情况，相反应是将我们方程中的参数（m、n、δ、q）视为植根于资本主义制度过去发展的缓慢变化变量来处理。

统计附录

一 第五篇和第六篇的统计附录

Note 1 1899～1914 年数据的来源如下:

(1) 美国制造业固定资本价值,Paul H. Douglas,*The Theory of Wages* (New York:The MacMillan Company,1934);

(2) 美国制造业产出,NBER (National Bureau of Economic Research);

(3) 美国制造业增加值减去工资,制造业普查 (Census of Manufactures)。

年份	固定资本价值			产出	增加值减去工资的当前价值
	账面价值	按重置成本	按不变价格		
1899	100	100	100	100	100
1904	137	136	138	124	130
1909	203	216	198	158	180
1914	256	280	240	186	205

Note 2 美国制造业收入与主要成本比率、原材料成本与工资总额比率、工资占增加值相对份额,数据来源于美国制造业普查。这一普查在方法和范围上有较明显的变化。为了确保所讨论时期 (1899～1937年) 的数据可比,我们将时间序列与发生变动的年份"关联"。以 1899 年为基年。普查数据范围在 1899 年和 1914 年发生变化。因为这两年的数据在"旧"数据和"新"数据基础上都可以获得,因而可以将所有年份与 1899 年"关联"。

普查方法也有明显变化。

(1) 在 1929 年、1931 年和 1933 年,所谓的"work and shop supplies"被包含在增加值中,而不是如其他年份那样包含在原材料成本中。在 1904 年的普查中,这一项是单独列出的,大约占原材料成本的

0.9%。将之作为一种近似，1929 年、1931 年和 1933 年的原材料成本相应减少，增加值相应增加。

（2）1931 年之前，烟草税包含在增加值中，1931 年之后，这一项计入原材料成本中。因为 1931 年出现了这两个变化，因而可以将 1931 年及此后年度与 1899 年"关联"。

（3）1935 年之前，"work given out"这一项成本包含在增加值，1935 年之后这一项计入原材料成本。因为 1935 年也出现了这两个变化，因而可以将 1935 年及此后年度与 1899 年"关联"。

年份	收入与主要成本比率（%）	原材料成本与工资总额比率（%）	工资占增加值相对份额（%）
1879	122.5	382	47.8
1889	131.7	291	44.6
1899	133.3	337	40.7
1914	131.6	370	40.2
1923	133.0	329	41.3
1929	139.4	346	36.2
1931	143.3	314	35.7
1933	142.8	331	35.0
1935	136.6	349	37.9
1937	136.3	338	38.6

Note 3　美国制造业收入与主要成本比率（假定产业构成不变）的时间序列计算如下。例如，1899 年的收入与主要成本比率，是在假定主要产业集团占总收入相对份额保持在 1879 年水平的基础上得到的；这一数字再除以 1879 年的收入与主要成本比率，得到"关联"的 1889/1879。1899/1889 是基于相同的方法。以 1899 年为基年，该年度"调整的"收入与主要成本比率等于真实的收入与主要成本比率。通过上述"关联"，"调整的"时间序列得以建立。

计算原材料成本与工资总额比率的时间序列，方法与上述相同，假定原材料成本的产业构成不变，以 1899 年为基年。

"调整的"工资占增加值相对份额 ω' 由"调整的"收入与主要成本比率 k' 和"调整的"原材料成本与工资总额比率 j' 计算得到：

$$\omega' = \frac{1}{1 + (k' - 1)(j' + 1)} \qquad (6-1')$$

k' 是基于产业结构不变的总收入计算的，j' 是基于产业结构不变的原材料成本计算的，ω' 是基于产业结构不变的增加值（即总收入与原材料成本之差）得到的。ω'、k' 和 j' 的时间序列见表 6-1 和表 6-3。

Note 4 1929~1937 年美国如下指数的来源：

（1）制造业工资指数，美国商务部的《当代商业纵览》（*Survey of Current Business*），数据年份与制造业普查数据年份一致；

（2）农业、采矿业、交通运输业和服务业的工资和薪酬指数，*Department of Commerce*，*National Income Supplement to Survey of Current Business*（1951）；

（3）前述两个时间序列的综合指数被近似为工资总额指数，二者的权重之比为 1：1，在 1929 年两个指数近似相等，由此可以假定它们之间的权重之比没有太大变化；

（4）私营部门总收入指数，*Department of Commerce*，*National Income Supplement to Survey of Current Business*（1951）。

年份	制造业工资指数	农业、采矿业、交通运输业和服务业的工资和薪酬指数	综合指数	私营部门总收入指数
1929	100.0	100.0	100.0	100.0
1930	80.9	90.6	85.7	86.0
1931	61.4	74.0	67.7	67.6
1932	42.3	55.0	48.6	48.3
1933	45.4	49.5	47.4	45.3
1934	58.4	55.6	57.0	54.1
1935	67.1	60.5	63.8	62.9
1936	77.7	69.6	73.6	70.1
1937	92.8	77.1	84.9	79.7

Note 5 1929～1941 年美国的（私人）工资和薪酬、私营部门总收入来自 *National Income Supplement to Survey of Current Business*（1951）。需要指出的是，在其中的国民资产负债表中，收入端的国民总产出与支出端的国民总产出之间存在统计差距。为了获得一致性数据，对统计差距进行调整。（我们将统计错误完全归于收入端，因为整体而言，支出端的数据更加可信。）调整的工资和薪酬假定与调整的私营部门总收入成比例，因而工资和薪酬占私营部门总收入的相对份额不因调整而改变。

年份	工资和薪酬	私营部门总收入	调整的私营部门总收入	调整的工资和薪酬
	10 亿美元			
1929	45.2	90.4	90.4	45.2
1930	40.7	77.8	77.1	40.4
1931	33.6	61.1	62.3	34.2
1932	25.3	43.7	45.1	26.1
1933	23.7	40.9	42.2	24.4
1934	30.0	56.9	56.5	29.8
1936	33.9	68.4	64.2	34.3
1937	38.4	72.1	71.1	37.9
1938	34.6	65.0	64.9	34.5
1939	37.5	70.1	68.8	36.8
1940	41.1	79.0	77.4	40.3
1941	51.5	100.2	98.6	50.7

Note 6 通过隐含在私营部门总产出平减中的价格指数对私营部门总收入进行调整。［上述价格指数通过私营部门总产出的当前价值除以 *National Income Supplement to Survey of Current Business*（1951）中按不变价格计算的总产出价值得到。］

年度	隐含在私营部门总产出平减中的价格指数（1939 年 = 100）	调整的私营部门总收入（当年价格）	调整的私营部门总收入（1939 年价格）
		10 亿美元	
1929	122	90.4	74.1
1930	117	77.1	65.9
1931	105	62.3	59.3
1932	94	45.1	48.0
1933	90	42.2	46.9
1934	96	49.8	51.9
1935	98	56.5	57.7
1936	98	64.2	65.5
1937	103	71.1	69.0
1938	101	64.9	64.3
1939	100	68.8	68.8
1940	102	77.4	75.9
1941	110	98.6	89.6

二　第七篇和第八篇的统计附录

Note 7　1929～1940 年调整的税前税后总利润（当前价格和 1939 年价格）。调整的税前总利润（当前价格）等于调整的私营部门总收入减去调整的私人工资和薪酬（Note 5）。调整的税后总利润等于调整的税前总利润减去所有企业和个人的直接税（工人的直接税在所考察时期很小）。最后，通过隐含在私营部门总产出平减中的价格指数（Note 6）对调整的税前税后总利润进行平减。

年份	调整的税前总利润	调整的税后总利润	调整的税前总利润	调整的税后总利润
	当前价格，10 亿美元		1939 年价格，10 亿美元	
1929	45.2	41.2	37.0	33.7
1930	36.7	33.4	31.4	28.5

续表

年份	调整的税前总利润	调整的税后总利润	调整的税前总利润	调整的税后总利润
	当前价格，10 亿美元		1939 年价格，10 亿美元	
1931	28.1	25.7	26.7	24.5
1932	19.0	17.2	30.2	18.3
1933	17.8	15.8	19.8	17.6
1934	21.9	19.6	22.8	20.4
1935	26.7	23.9	27.3	24.4
1936	29.9	26.2	30.5	26.8
1937	33.2	28.8	32.2	27.9
1938	30.4	26.5	30.1	26.2
1939	32.0	28.1	32.0	28.1
1940	37.1	31.6	36.3	31.0

Note 8 总投资、对外贸易盈余、预算赤字和经纪费用之和，通过隐含在私营部门总产出平减中的价格指数（Note 6）获得"实际"值。

年份	总投资、对外贸易盈余、预算赤字和经纪费用之和	
	当年价格，10 亿美元	1939 年价格，10 亿美元
1929	17.3	14.2
1930	11.9	10.2
1931	5.8	5.5
1932	3.0	3.2
1933	3.1	3.4
1934	5.8	6.0
1935	8.2	8.4
1936	11.4	11.6
1937	11.1	10.8
1938	9.1	9.0
1939	12.9	12.9
1940	16.2	15.9

Note 9　调整的税后总利润 P 和税前总利润 π（参见 Note7）的相关性，$P = 0.86\pi + 0.9$，样本相关系数为 0.991。

三　第十篇的统计附录

Note 10　固定资本投资和私营部门总产出的数据。固定资本投资关于总产出与时间 t（从 1935 年开始计数）的回归方程为：

$$\text{固定资本投资} = 0.306(\text{总产出} - 1.45t) - 14.5$$

年份	1939 年价格，10 亿美元	
	固定资本投资	私营部门总产出
1929	13.5	81.5
1930	10.2	73.5
1931	7.1	67.7
1932	4.0	57.4
1933	3.5	56.5
1934	4.4	62.0
1935	5.8	67.6
1936	7.9	76.4
1937	9.3	80.9
1938	7.2	76.4
1939	9.5	83.7
1940	11.4	92.1

补充文献

凯恩斯理论的评述

（1936 年）

一

毫无疑问，凯恩斯《就业、利息和货币通论》的面世是经济学历史的一个转折点。这本著作大致分为两个基本部分：

（1）一旦（单位时间）投资水平给定，生产设备给定情况下的短期均衡决定问题；

（2）投资数量的决定问题。

凯恩斯的理论似乎圆满地解决了第一个问题，即使一些缄默不言和不准确的阐述可能会引起一些疑问。在这篇文章中，我对凯恩斯理论的这一部分给出自己的解释，思路略有不同，但基本结论是一致的。

至于第二个根本问题，即对投资水平决定因素的分析，情况就完全不同。不仅是阐述，而且结构本身都存在严重的缺陷，以至于问题仍然存在，正如我们所要表明的，至少部分来说没有解决。

在讨论关键问题之前，简单介绍一下凯恩斯理论的基本概念和假设。此外，为简炼地呈现凯恩斯的理论，还应补充一些假设。

"生产设备给定"的概念引发了一些疑问，这些疑问应当予以澄清。人们普遍认为，在所考察的时期内不能假设生产设备是给定的，因为如果探讨的不是稳定状态，投资就会改变生产设备的数量和结构。对这一反对意见的回答是简单的。分析应关注在足够短的时期，从而生产设备的变化足够小，以至于可以忽略它对产出、收入等的影响。这些数量实际上指的是某一时刻的数量，因而它们不取决于假定的时期长度，而生产设备的增量（其他条件不变）与这一时期的长度成比例。

接下来我们必须指出，凯恩斯始终探讨的都是封闭体系，因而忽略了对外贸易的影响。我们进一步假定工人不储蓄，而且他们不会入不敷出。工人储蓄在经济过程中并不发挥任何重要作用，如果将这一储蓄考虑在内，一般而言它就会模糊资本主义经济运行的一些典型特征，尤其是会使凯恩斯的理论变得不那么清晰。

凯恩斯使用所谓的工资单位，也就是每个小时的工资率，简便起见他假定各种劳动类型的工资率彼此之间保持恒定关系。因此，如果工资率是 0.5，1 千克商品的价格是 2，这意味着该商品的价格是 4 个工资单位。这一核算商品价值的方法有着更为深远的意义，因为在随后的理论部分凯恩斯展示了工资的变动会引发价格的成比例变动。因此，通过用工资单位表示一切商品价格，凯恩斯消除了价格普遍变动中的一个最重要因素。我们在后文中将回到这一问题。暂时而言，读者可以认为工资单位是不变的，也就是假定货币工资不发生变化。之后，我们会探讨工资单位变化的影响。

凯恩斯理论的一个根本特征是假定存在失业工人储备，这与前文的探讨紧密相关。如果失业导致的货币工资下降使得价格同比例下降，那么吸收失业的趋势就不存在。尽管如此，正如我们所指出的，暂时而言可以假定货币工资是不变的，"直到进一步提示"；因此，如果不需要进一步探讨，我们就可以假定失业工人后备军的存在。

二

假定生产设备给定。在给定生产设备的情况下，产出水平取决于就业的数量以及劳动力在不同部门之间的分配。每个企业的产出水平由边际主要成本曲线和边际收入曲线的交点决定（在自由竞争情况下，边际收入曲线是一条纵坐标等于价格的水平线；我们将探讨包含不完全竞争的更为一般的情况）。

我们将边际收入曲线与边际成本曲线的交点表示如下。我们从价格和成本中扣除原材料成本和生产中所耗费的设备价值①。这样，我们得到了边际增加值曲线②和边际劳动成本曲线。现在可以看到，企业的产出是由边际增加值曲线和边际劳动成本曲线的交点决定的。增加值和劳动成本都用工资单位表示。

我们将边际增加值曲线和边际劳动成本曲线不发生移动的状态定义为短期均衡。给定生产设备，边际劳动成本曲线的位置就确定了。因此，给定生产设备，短期均衡是通过边际增加值曲线的移动来实现的，当边际增加值曲线不再进一步移动时，均衡达成。

在图 1 中，*OABC* 的面积等于企业生产数量为 *OC* 的产品所获得的总的价值增加（用工资单位表示）。阴影部分的面积是企业资本家（企业家和食利者）的收入，非阴影面积是工人收入。因此，经济系统中所有企业 *OABC* 的面积总和为用工资单位表示的社会收入；所有阴影面积的总和为总的资本家收入，非阴影面积的总和为总的工人收入。与此同时，社会收入等于消费加上投资的价值，因为我们假定工人不储蓄，工人消费的价值即所有非阴影面积的总和，而所有阴影面积的总和就是资本家消费和投资的价值③。

我们已经能够表明资本家的消费和投资支出在短期均衡决定中的关键作用。在均衡时，边际增加值曲线保持在给定位置。正如我们所指出的，阴影面积的总和为资本家的消费和投资支出，非阴影面积的总和为工人的消费支出。工人支出的自发变化不可能发生，因为正如我们所假

---

① 但不是与使用无关的陈旧。

② 这不是凯恩斯使用的术语。

③ 资本家的收入和投资都是毛额。因此，为了计算资本家的收入和净投资，必须扣除摊销的部分，这部分摊销不取决于生产设备的利用程度，而是取决于生产设备的老化，包括"物理的"和"道德的"（如技术进步的结果）。

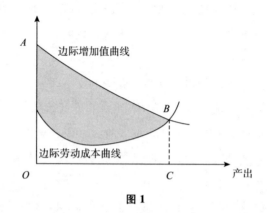

图1

设的，他们的支出与收入完全相同。但资本家支出的自发变化是极有可能的，要么通过支出储备，要么通过新的贷款。假定在某一给定时刻资本家增加了他们的支出。继而边际增加值曲线将向上移动，使得阴影面积的总和与资本家消费和投资支出的更高值相匹配。由于阴影面积的总和同时是资本家的总收入，资本家更高的支出"将迫使"他们获得同等数量的更高收入。

当然，在新的短期均衡中，工人的就业和收入以及他们消费的价值（用工资单位表示）都高于此前。由此可知，各种商品的需求，无论是投资品还是资本家和工人的消费品，都增加了；边际增加值曲线的移动必然发生在所有的产业部门。

因此，资本家支出的总和决定了边际增加值曲线的位置，使得阴影面积的总和（即资本家收入）等于他们的支出。支出水平（用工资单位表示）是决定短期均衡的关键因素。

三

前文我们已经表明，资本家的支出迫使收入等于他们支出的数量。因为这一支出是由消费和投资构成，收入又是由消费和储蓄构成，所以也可以说投资迫使储蓄的价值等于投资的价值。显然，一般而言，投资的资本家并不是那些储蓄的资本家，前者的投资为后者创造了等量的储蓄。

现在，我们假定资本家有一个特定的储蓄习惯；这一储蓄习惯意味着对于资本家总收入（用工资单位表示）的每一水平而言，都对应着一个收入在消费和储蓄之间的精确分配。结果是，总储蓄的每一水平也都对应着一个资本家消费的明确水平。此外，很容易证明总的投资价值（用工资单位表示）决定了总的资本家支出数量。事实上，投资水平 I 导致一个相等的储蓄水平，如果资本家的消费低于与储蓄 I 相对应的消费水平 C，那么资本家将消费更多；通过这种方式，资本家将他们的收入提高到 $C+I$ 的水平，在这一水平上消费 C 和储蓄 I 的比例将与资本家的储蓄习惯相对应。

四

现在可以看到，一旦生产设备给定，投资 I（用工资单位表示）就大体上决定了短期均衡。事实上，给定资本家的储蓄习惯，严格来说投资决定了资本家消费 C。因此，我们得到了资本家支出 $C+I$ 以及支出在消费和投资之间的分配。为了确定短期均衡的所有细节，我们还需要知道投资的结构（不仅是总的投资价值）以及资本家和工人的"偏好"。如果"偏好"给定，与单位时间给定数量的投资支出 I 相对应的短期均衡中唯一尚未决定的要素就为支出在不同类型投资之间的分配。但在我们看来，与总就业和社会收入 Y 相比，投资支出结构变化的重要性是相对较弱的。也就是说，如下方程没有太大问题：$Y=f(I)$，f 是一个增函数，其形状由生产设备的数量和结构、资本家的储蓄习惯以及资本家和工人的偏好决定。函数 f 的导数 $\frac{\mathrm{d}Y}{\mathrm{d}I}=f'(I)$ 即所谓的凯恩斯乘数。如果投资从 I 增加到 $I+\Delta I$，那么当 ΔI 为很小的增量时，收入将增加至 $Y+\Delta If'(I)$。

五

现在，我们总结前文阐述的凯恩斯理论的要点。首先，投资是决定短期均衡以及某一时刻就业和社会收入规模的要素。其次，事实上，投资数量将决定现有生产设备将吸收的劳动力数量①。因此，我们必须在投资数量的决定因素分析中探索就业和产出水平高或低这一问题的答案。凯恩斯理论的第二部分正致力于此，这是接下来要讨论的。

基于前文的阐述，必须强调的是，储蓄不决定投资，相反恰恰是投资创造了储蓄。不管利率水平如何，资金需求和资金供给之间的均衡总是存在的，因为投资总是导致相同数量的储蓄②。因此，利率不是由资金需求和资金供给决定的。根据凯恩斯的理论，利率水平必然是由其他因素决定的，即支付手段的供给和需求。举例来说，给定流通中的货币数量，如果社会收入增加，那么对支付手段的需求将增加，利率会上升到使相同货币数量得以满足使用所必需的程度，尽管周转率更高。这是凯恩斯货币利率理论的一般性概括，这里不详细讨论。

在分析投资数量的决定因素之前，还需要考虑货币工资的问题：我们仍以一般化的方式来探讨。到目前为止，我们假定工资单位是恒定的。但如果工资单位因货币工资下降而下降，那么上述短期均衡会发生什么变化？如果我们假定用工资单位表示的投资价值不发生变化，那么显然整体的短期均衡也不会发生变化，正如前文所指出的，短期均衡完全由投资决定。就业和产出保持不变；只有用货币单位表示的价格将与工资单位成比例下降。

但如果货币工资下降，用工资单位表示的投资真的就不会发生变化吗？凯恩斯认为这是实际发生的情况，但他关于这一点的论证不够令人信服。这里可以提出的最重要的反对观点就是工资下降提高了利润率，

---

① 我在 1933 年文集中以一种类似于凯恩斯的方式证明了投资决定总产出这一命题。
② 我在 1933 年文集中提出了一个类似的资金需求和资金供给的观点。

可能导致投资数量上升。但正如我们随后要指出的，凯恩斯没有充分考虑当前利润率对投资的影响，他根本没有分析这一问题，这毫无疑问是最关键的问题。尽管凯恩斯的论证存在这些缺陷，但他关于货币工资不影响（至少不直接影响）短期均衡决定的观点似乎是正确的。为了展示上述观点的可能性，只需要假设企业家在他们的投资活动中不会立即从工资下降得出利润率上升的结果就足够了。如果资本家不立即增加投资，短期均衡就会保持不变，价格将随工资同比例下降。因此，利润率的提高将是虚假的，投资增长的基础消失。在工资削减之后，如果资本家不立即增加他们的投资，那么此后他们也不会增加。这样的话，货币工资变化不会成为影响短期均衡的因素①。

六

凯恩斯投资理论的根本概念是给定投资对象的边际效率。凯恩斯将边际效率定义为该投资对象在其"生命周期"内未来预期总收入（收益与支出之差）的贴现率，这一贴现率使得预期收入的现值等于其实际市场价格。举例来说，我们购买价值 1000 的机器，预期将使用 5 年，在这 5 年中可能产生的收入为 300、320、350、350 和 300，其边际效率即这 5 年收入的实际价值等于 1000 时的贴现率。当然，预期收入越大，投资品价格越低，投资的边际效率越高，我们称之为预期利润率。在凯恩斯的分析中，投资数量是由预期利润率和利率相等决定的。如果某一时刻的预期利润率高于利率，投资是有吸引力的，投资水平将上升。但由于更大的投资品需求，投资品的价格将上涨，因而预期利润率将下降。最终，投资会达到投资品价格使预期利润率和利率相等的水平。

凯恩斯的简单概念有两个重要缺陷。首先，它没有谈及资本家的投资决策，资本家是在投资品的现有市场价格基础上进行"非均衡"计

---

① 我在 1933 年文集中说明了产出和货币工资变化是独立的。

算的。它只是表明，如果在这一价格水平基础上计算得到的预期利润率不等于利率，那么投资水平会发生变化。这将使现有情况转变为预期利润率等于利率的情况。用瑞典经济学家的话来说，凯恩斯的理论仅仅决定了事后投资水平，但没有谈及事前投资水平。

但这还没有结束。其次，在随后的分析中，新的困难出现了。假定在最初的情况下预期利润率高于利率，因而投资增加。投资增加会导致投资品价格上涨，从而基于新的价格和最初情况下的预期收入计算得到的预期利润率等于利率。现在，我们必须考虑到如下事实，即投资增加不仅会导致投资品价格上涨，而且根据凯恩斯理论的第一部分，投资增加还会刺激普遍复苏，使所有部门的价格和产出都增加。然而正如凯恩斯在他的书中所指出的，因为"现时存在的事实可以说是不成比例地进入我们长期预期的形成之中"，预期将变得更加乐观，投资边际效率和利率之间的差异将再次出现。那么，"均衡"不会达成，投资增加仍将继续（很明显可以看到，我们这里讨论的是一个累积性的维克赛尔过程）。

因此，在我们看来，凯恩斯的概念——它只是告诉了我们投资应该有多高才可能使某种不均衡转变为均衡——在这一路径上遇到了严重困难。事实上，投资增加绝不会导致一个使系统趋向均衡的过程。

基于此，很难认为凯恩斯的投资问题解决方法是令人满意的。失败的原因在于，对本质上动态的事物采取了基本上静态的方法。凯恩斯给定预期收入状态，并由此得出一个明确的投资水平，这一方法忽略了投资反过来对预期的影响。这里我们可以看到为建立一个现实的投资理论所必须遵循的道路，其出发点应该是投资决策（即事前投资）问题的解决方法。假定某一时刻在给定的投资品价格水平以及给定的利率水平下，存在对未来收入的某种预期状态。那么，单位时间内资本家想要进行的投资有多大呢？我们假定这一问题已经解决（事实上如果不引入一些关于资本家心理或货币市场不完美的特定假设，这一问题就似乎不可能解决）。投资理论的进一步发展可以如下所示。与最初状态相对应的投资决策一般不会等于实际的投资数量。因此，在下一时期，投资数量通常会有所不同，短期均衡将随之发生变化。我们现在探讨的是一种与最初时期状态所不同的预期状态，不同的投资品价格，不同的利率。由此将产生一个新的投资决策水平，依此类推。

对这一动态过程的详细分析超出了本文的范围；尽管如此，必须强调的是，凯恩斯理论的第一部分仍然是成立的。本文所概述的动态过程中的投资水平是不断变化的；但对于任何一个投资水平，就业和产出的决定都遵循着凯恩斯理论第一部分的思路。凯恩斯没有准确地解释什么导致投资发生变化，但他全面审视了投资变化与整体就业、产出和收入变动之间的紧密联系。

实现充分就业的三种路径

(1944 年)

  本文的目的是探讨在资本主义社会中实现和保持充分就业的方法。我们考虑一个封闭经济体系。这并不意味着我们在探讨充分就业时忽视了对外贸易问题,相反充分就业或许是最大的现实困难。对外贸易将在一篇单独研究中探讨。这里我们将对外贸易放在一边,目的是清楚地解释充分就业的根本理论问题。同样,我们没有考虑劳动力流动的问题,这一问题将在一篇特别的文章中讨论。在本文中,我们假定工作时间在一定限度内是可变的,这在短期内提供了足够的劳动力供给弹性,而在较长时期内,当需求结构发生变化时,可以依靠劳动力再培训来恢复均衡。

  本文首先探讨如何产生足以实现和维持充分就业的有效需求。其次,本文探讨在这一机制下的短期和长期私人投资问题。

  如标题所示,本文区分了三种实现和维持充分就业的路径。

  (1)通过政府公共投资(如学校、医院、高速公路)或大规模消费补贴(家庭津贴、间接税削减、压低必需品价格的补贴)支出,这一支出是通过借款融资的,本文将这一方法称为赤字支出。

  (2)通过刺激私人投资(利率削减、降低所得税或者其他有助于私人投资的措施)。

  (3)通过高收入阶层向低收入阶层的收入再分配。

  本文认为,第二种方法即刺激私人投资是不令人满意的,但第一种方法和第三种方法都提供了足够的手段来维持充分就业。

第一部分　赤字支出

赤字支出以如下方式产生有效需求。政府承担了不与私营企业相竞争的公共投资（建设学校、医院、高速公路等），或者大众消费补贴（通过支付家庭津贴、减少间接税或者支付压低必需品价格的补贴）。这一政府支出是由借款融资的，不涉及削减私人投资（前提是利率保持不变）或非补贴消费，因而创造了额外的有效需求。

需要指出的是，一段时间之后，收入增加导致税收增加，从而最终的预算赤字低于政府支出增加。

近年来，通过赤字支出创造就业的问题得到了广泛讨论。尽管如此，重申讨论的要点似乎是有益的。这些要点包括：钱从哪里来？这一政策是否会不可避免地提高利率，进而对私人投资产生不利影响？如果利率不上升，那么赤字支出会不会造成通货膨胀？如果预算赤字是一个永久特征，那么如何解决日益增加的国债负担？

一　基本问题

（一）钱从哪里来？

尽管在最近的讨论中一再强调预算赤字是自我融资的——也就是说，预算赤字增加总是会导致收入增加和收入分配发生变化，进而产生足够的储蓄来为它融资——但这一问题仍然常常被误解。本文将通过图表的方式证明预算赤字理论的这一基本定理。图1左侧为国民支出，即政府支出、用于资本置换和扩张的私人投资总额（所有新固定资本的购买加上流动资本和存货的变化）以及个人消费的总和。显然在封闭经济中，在给定的时期内国民支出必然等于工资、薪酬、利润[①]（包括折

[①]　包括租金和利息。

旧）和间接税的总和，因为购买任何物品的价格都被完全计入这四项。因此，整体经济中代表这四项总和的图 1 右侧，等于代表国民支出的左侧。右侧是按收入用途分类的。首先是企业和个人缴纳的间接税和直接税；其次是个人消费；剩下的是包括折旧的总储蓄。如果从总收入加上间接税中扣除所有的税收和个人消费，那么剩下的是包括折旧的总储蓄。左侧的预算赤字即政府支出超过税收的部分，由图可以看到预算赤字加上私人投资总额等于总储蓄①。如果等式两边都减去折旧，用净储蓄代替总储蓄，用净投资代替总投资，那么这一关系也是成立的。换言之，净储蓄总是等于预算赤字加上净投资：无论经济状况如何，无论价格、工资或利率水平如何，任何水平的私人投资总额和预算赤字将总是会产生等量的储蓄来为这两项融资。因此，如果削减用于私人投资和个人消费的支出，那么如何才能增加政府支出的问题可以用如下事实回答：收入增加总是会引起与预算赤字增加相等的储蓄增加。

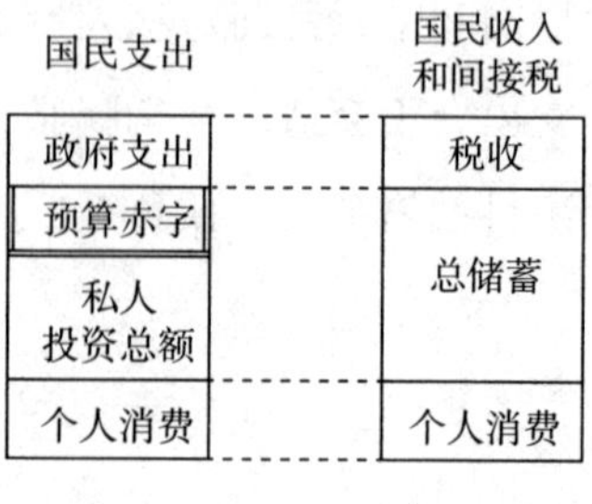

图 1

（二）利率

假定私人投资在预算赤字增加时不会受损，这难道不是错误的吗？预算赤字增加是否会迫使利率大幅上升，以至于投资随预算赤字的增加而减少，进而抵消政府支出对就业的刺激作用？答案是只要采取适当的银行政策，无论预算赤字多大，利率都可以保持在稳定水平。如果公众

---

① 在上述观点中，我们默认忽略了转移支付，即政府在救济金、养老金、国债利息等方面的支出。但如果我们把转移支付包含在国家支出（作为政府支出的一部分）和国民收入（与工资、薪酬和利润一起）中，那么这一观点是成立的。

不吸收政府债券（预算赤字通过出售这些债券来融资），而是更愿意将储蓄投资于银行存款，那么利率将倾向于上升。如果缺少足够现金基础（即在中央银行的票据和款项）的银行不扩大存款规模，不购买政府债券，相反公众会购买，那么利率必须上升到足以引诱公众将他们的储蓄投资于政府债券的水平。尽管如此，如果中央银行在维持规定现金比率的同时扩充私有银行的现金基础，使得私有银行能够充分扩大其存款规模，那么利率上升的趋势将不会出现。

到目前为止，我们已经探讨了一般意义上的利率。实际情况要复杂一些，因为必须区分短期资产和长期资产。即使银行在给定的短期利率水平上充分扩大其存款规模以满足公众需求，当政府发行长期债券时，公众也可能会吸收短期资产。随后，长期利率会相对短期利率上升，使得公众准备吸收政府当前发行的债券。上述情况可以通过适当的政府发债政策来轻松处理。英国政府在此次战争中的政策就是一个很好的例子。政府发行中长期债券，利率为 2.5% ~ 3%，随时可购买。公众用储蓄购买任意数量的债券，赤字的剩余部分由流动债务增加来弥补，也就是发行短期债券。通过这种方式，长期利率和短期利率都保持不变（当然后者的不变是基于英格兰银行的政策）。和平时期可以采用同样的方法保持利率不变。在战时情况下，保持利率不变的方法要比采用预算赤字为公共投资或大众消费补贴融资更为容易，这并不奇怪。因此，可以得出如下结论：只要中央银行根据银行存款需求扩充私有银行的现金基础，只要政府中长期债券随时可购买，无论预算赤字如何，短期利率和长期利率都可以趋于稳定。

（三）通货膨胀风险

如果利率保持不变，那么不断增加的预算赤字是否会导致通货膨胀，也就是价格和工资的恶性循环？答案是，只有当有效需求增长到劳动力或设备（或二者兼有）普遍短缺的程度时，通货膨胀才会出现。在一定程度上，对于大多数商品而言，短期供给曲线是水平的或小幅上升的。但当有效需求增加显著超过某一水平时，短期供给曲线陡峭向上倾斜的部分变得重要起来。结果是，价格相对平均主要成本不成比例地普遍上涨，价格和工资的恶性循环开始。因此，为了避免通货膨胀，政府必须小心，不将赤字支出推高到劳动力和设备充分利用的水平。

由此可见，充分就业的先决条件是当前设备和可用劳动力之间的恰当关系。设备的数量必须足以雇用现有的劳动力，而且有生产能力储备。如果设备的最大生产能力不足以吸收可用劳动力，正如在落后国家中所看到的，那么立即实现充分就业显然是无希望的。如果储备生产能力不存在或不充足，在短期内确保充分就业的尝试就很容易导致经济的大多数部门出现通货膨胀趋势，因为设备的结构和需求的结构不匹配。即使设备的结构与初始状态的充分就业需求结构相匹配，随后当需求发生变化时，储备生产能力不足也会造成麻烦。

在一个工厂稀缺的经济中，有必要经历一段工业化或重建时期，在此期间现有设备以相当高的速率扩张。在这一时期，可能有必要采取与战时类似的控制措施。只有在资本扩张进程已经足够深入之后，前文探讨的充分就业政策才有可能实现目标。

尽管不是上述意义上的通货膨胀，但由于消费品供求的不平衡，在充分就业下另一种现象可能会出现，并导致价格持续上涨。在充分就业状态下，工会谈判能力将大大增强。因此，货币工资有自发的上涨趋势，导致价格和生活成本上升；这反过来导致工资二次上涨，依此类推。

只要工资率的增加等于劳动生产率的提高，恶性循环的问题就不会出现，因为单位产出的工资成本将保持不变，价格将没有理由上涨。但如果工资率的增加超过劳动生产率的提高，那么必须采取措施阻止价格飞升。如果不采取措施，整体工人就不会受益；因为货币工资率的增加将被随之发生的价格上涨抵消。此外，在充分就业经济中，价格快速上涨将是一个令人不安的特征。我们将在下文"收入再分配"部分概述如何在不引起价格上涨的情况下提高货币工资。就目前而言，足以表明的是，在充分就业经济中如果实际工资率增加超过相伴随的劳动生产率提高，那么实际工资率增加必然导致非工资收入者投资或消费的削减。否则，总需求会超过总供给，要么价格最终会上涨，要么在价格受到控制的情况下出现短缺和无序分配。

（四）债务负担

如果通过赤字支出维持充分就业，那么国债规模将不断扩大，利息负担将倾向于增加。这一日益加重的负担会不会限制赤字支出作为实现充分就业的手段？我们不妨从澄清有关债务负担的两个普遍误解开始。

首先，不断增加的国债（像所有债务一样）所产生的利息对于整个社会而言不是负担，因为它本质上构成了一种内部转移。其次，在一个扩张经济体中，这一转移并不一定与现行税率下的税收收入不成比例。由于劳动人口增加和技术进步，如果国民收入增长率足够高，那么为不断增加的国债利息融资所需的标准所得税税率没有必要提高。即便我们不考虑上述因素，也很容易设计出一套税收制度来偿还债务，这不会对产出和就业造成任何扰动。

举例来说，试想一下国债利息是由向企业和个人（财富估值中不包括股票和债券以避免对企业资本的二次征税）征收的年度资本税融资。与国债利息没有增加时相比，在支付资本税之后一些资本家的当前收入将下降，而另一些资本家的当前收入将增加。但资本家的总收入将保持不变，他们的总消费不太可能显著改变。此外，投资的利润率不受资本税影响，因为各种类型的财富都要支付资本税。无论是以现金或政府证券持有，还是投资建造工厂，都需要缴纳相同的资本税，因而比较优势是不变的。如果投资是通过借款融资，那么投资的利润率显然不受资本税影响，因为借款并不意味着投资企业家财富的增加。因此，如果国债利息是通过年度资本税融资，那么资本家消费和投资利润率都不会受到国债增加的影响。

现在，我们探讨这一税收的数量级。试想一下，征税是为某一固定日期之后产生的国债利息融资（"旧债"的利息已经计入预算中），在英国可以假定国债的平均利率为 2%。这大约是目前借款（短期和长期）的平均成本，没有理由认为这一利率在未来会上升①。因此，年度资本税税率将大大低于 2%，因为用于"额外债务"利息融资的税收将从所有类型的私人资本中征收，而额外债务只是其中一项。例如，如果这一额外债务上升到所有私人资产的一半，年度资本税税率就会达到 1%。②

可以设计一种修订的所得税，来替代资本税，它对整体国民经济的影响或多或少与资本税相当。和资本税不同的是，所得税降低了净利润率，因而弱化了投资引诱。这一修订的所得税可以消除不利影响。试想一下，所得税是按总收入征收的，也就是在扣除损耗之前。另外，所有的固定资本投资，无论是为了更新还是扩张，都从应纳税金额中扣除。（如果固定资本投资超过应纳税收入，那么超出部分在以后年度结转扣除。）很容易证明，这一税收不影响新投资的预期利润率。实际上，假定企业家期望 100 英镑固定资本投资每年获得 10 英镑的毛利润。如果是 1/20 的所得税（即 1 英镑征收 1 先令），预期利润就会减少至每年 9.5 英镑。但通过投资 100 英镑，企业家的当期所得税减少 5 英镑，投资成本降低至 95 英镑。因此，预期毛利润率同样是每年 10%，就像税收不存在一样。

二 赤字支出和投资

（一）有多少私人投资？

在探讨了通过赤字支出实现持久充分就业的可能反对意见之后，现

---

① 政府可以继续发行中长期债券，并通过浮动债务为剩余部分融资。的确，如果中长期债券的销售与预算赤字成比例增加，那么借款成本将增加，但没有什么能阻止政府降低这些债券的利率。

② 上述观点仍需要一些注释。在缴纳所得税之前，从收入中扣除资本税似乎是合理的。例如，如果一项资产收益率为 4%，资本税税率为 1%，那么收入的 3% 而不是 4% 需要缴纳所得税。当然，这导致所得税平均收益有所下降，但这被国债利息产生的所得税抵消。如果国债增加，国民收入保持不变，国债利息由资本税融资，那么所得税的总收益是不变的。的确，所得税会因资本税增加而减少，但因国债利息增加而增加。

在我们更加详细地审视这一制度的运作。其原则是，政府在不改变税率的情况下增加公共投资和大众消费补贴支出，直到由这一支出（通过增加收入）直接和间接创造的有效需求实现充分就业。假定政府将就业保持在这一水平，私人投资将发生什么？首先，私人投资还会受到周期性影响吗？其次，私人投资的"均衡"水平应是多少？

显然，在充分就业机制下，私人投资的发展将是稳定的。在自由放任资本主义经济中，投资的剧烈周期性波动是源于利润的剧烈波动①。但在充分就业下，产出和利润仅表现出由人口增加②和劳动生产率提高导致的长期变化③。当然，私人投资可能会出现意外波动，比如作为非连续性技术进步的结果。这些意外波动能够通过适当的公共投资时机来抵消。

在充分就业机制下，关于私人投资的均衡水平问题，我们需要对设备利用程度的概念做一些初步评论，这一设备利用程度指的是实际产出与设备最大生产能力的比率。设备利用程度既不能太低，也不能太高。如果设备利用程度太低，那么会存在未使用的生产能力，这意味着生产资源的浪费；如果设备利用程度太高，那么设备的储备将太少，以至于无法提供足够的调整弹性。

试想一下，从如下情况开始，即设备利用程度处于我们认为的合意水平。由此可知，在下一时期，我们希望设备利用程度保持在这一水平。但在下一时期由于劳动人口增加和劳动生产率提高（技术进步的结果），充分就业产出将会更高。因此，要想保持设备利用程度，下一时期的生产能力必须与劳动人口增加和劳动生产率提高成比例增加。这为我们得到私人投资水平应该是多少提供了线索。私人投资必须达到足以

---

① 因果关系实际上是双重的：投资下降导致有效需求和利润下降，这反过来导致投资进一步下降。

② 在整篇文章中，为方便起见，我们指的是劳动人口增加。如果人口下降发生，那么得到的各种结论应做相应修改。

③ 如果净利润的变化是由一个审慎的收入再分配政策造成的，那么必须采取适当的措施来消除它对投资的不利影响。

扩大设备生产能力的水平，这一水平与劳动人口增加和劳动生产率提高成比例，也就是与充分就业产出成比例。①

在劳动人口增加的情况下，上述观点是显而易见的，但在劳动生产率提高的情况下，或许需要一些解释。试想一台新机器取代了旧机器，对于给定的产出而言，新机器需要更少的劳动力。因此，劳动力供给随平均生产率的提高成比例增加，如果要保持充分就业，同时设备利用程度不提高，那么一定比例的设备生产能力扩张是必需的。

（二）规制私人投资

要使私人投资达到符合上述规则的水平，可以采取多种方法。众所周知，在其他条件不变的情况下，利率下降（增加）会导致私人投资率上升（下降），因为它会提高（减少）投资的预期净回报率。所得税税率也是如此。因此，当私人投资水平趋向于过低时，可以采用降低利率和所得税税率来刺激私人投资，反之亦然。

尽管如此，实施这两种方法的任何一种都涉及很大的困难。长期利率影响投资，但使长期利率发生明显变化是一个相当缓慢的过程。② 此外，最重要的是，长期利率的下降是有限制的，因为（在较长时期内）长期利率总是超过短期利率，而短期利率不能低于零。

在充分就业下，所得税税率的变化涉及消费的再分配，将所得税税率的变化与影响投资的尝试捆绑在一起是不方便的。例如，当需要刺激私人投资时，应用所得税税率的方法涉及从低收入阶层到高收入阶层的消费再分配。

最好的方法似乎是采用前文所描述的"修订所得税"来部分替代现有的所得税，前者不会影响投资的净利润率。（以资本税代替所得税也可用于此目的。）例如，如果某一时刻的标准所得税税率是 1 英镑 7

---

① 如果劳动人口减少，但生产率的提高高于人口的下降，那么由此导致的充分就业产出增加将慢于劳动生产率提高，设备生产能力也必须与充分就业产出成比例扩大。

② 如果长期利率降低是通过降低短期利率来实现的，那么这涉及相当大的时滞。这一困难可以通过大规模的公开市场操作来克服。尽管如此，长期利率的迅速下降将产生不良影响。

先令，那么我们可以设计 3 先令的修订所得税。这消除了所得税对净利润率的不利影响。这样我们仅剩下 4 先令会对投资产生正常影响。从正常所得税转向修订所得税的幅度越大，投资刺激越大。

（三）国有企业

除了刺激或抑制私人投资，政府在私人投资领域的直接干预是可能的，而且可能是有用的。

削减私人投资可以通过直接控制来实现，比如发放投资许可。如果投资在某一特定部门（如存在大量剩余生产能力）非常高，那么与前文描述的整体方法相比，直接控制是有特殊优势的。另外，如果私人投资不足，那么政府自身在这一领域的介入可能会弥补这一不足。在私人企业投资不足的情况下，可以建立国有企业来完成上述任务。当私人投资不足具有明显的部门特征时，直接干预的方法也具有特殊优势。

清理贫民窟就是一个很好的例子。政府逐步淘汰一定数量的废弃建筑，进而提高维持住房容量所需的投资水平。此后，政府通过自己建造新房子而不是刺激私人建筑活动来填补缺口。

（四）公共投资和消费补贴的比较

前文探讨的私营部门长期投资率水平，对在当前税率下实现充分就业所需的政府支出规模有着重要影响。[①] 政府支出计划的规模必须达到实现充分就业的水平，并辅之以随人口增加和劳动生产率提高而扩大生产能力的投资。

现在我们探讨政府支出计划在严格意义上的公共投资[②]和个人消费补贴之间如何分配。人们通常认为，政府支出计划应该完全用于公共投资，从产生足够有效需求的视角来看，这一观点没有异议。但政府支出所要弥补的缺口可能如此之大，以至于公共投资很快将完全无用，或者至少几乎无用。在这种情况下，如果将一部分政府支出用于增加消费进

[①] 应该记住的是，政府支出增加中只有一部分最终是通过借贷来融资的，因为另一部分是由收入增加所导致的税收增加来弥补的。

[②] 我们将住房包括在私人投资部门中，无论它是由公共机构还是由私人企业投资的。

而实现更高的生活水平，那么将政府支出计划限制在公共投资就是荒谬的。一般性原则必须是社会优先事项决定政府支出计划的本质。例如，需要决定什么是更加重要的，在给定时期是为孩子提供更多的泳池还是更多的牛奶。上述决策在很大程度上受政治因素影响。即便如此，在任何情况下，社会优先原则也都不应仅仅是为了提供就业而在一段河流上建造五座桥梁。

需要补充的是，如果清理贫民窟的结果是私营部门投资（政府可以参与其中）增加，那么实现充分就业所必需的用于"纯"公共投资和消费补贴的政府支出将在一定程度上下降。

第二部分　刺激私人投资

一　过程及其结果

现在我们探讨刺激私人投资作为实现和保持充分就业的途径。在这一构想中，私人投资被刺激到如下程度，它直接或间接（乘数效应）产生的有效需求足以实现充分就业。我们已经表明，如果通过赤字支出实现充分就业，刺激私人投资的措施可能是必要的。但这一对赤字支出①的帮助并不是以创造有效需求（这一任务由赤字支出完成）为目的，而是为了确保扩大生产能力的投资水平，以使生产能力与长期增加的充分就业产出成比例。没有先验理由认为这一长期均衡投资率恰好等于产生充分有效需求进而实现充分就业所必需的投资率。到目前为止，我们假设后者的水平更高一些（这似乎是可能的情况），两者的差额会通过政府贷款支出来弥补。在目前的构想中，私人投资被推高至能够提供足够的有效需求以确保充分就业的水平。显然，如果私人投资水平超过与充分就业产出成比例扩大生产能力所必需的水平，那么设备利用率

---

① 原文为私人投资，应为赤字支出——译者注。

将持续下降，过剩产能将持续增加。部分的私人投资将被证明是失败的。

此外，设备利用率的下降将反映为利润率的下降，这往往会抑制私人投资。为了阻止投资率下降，在没有政府支出补偿的情况下，这将导致产出和就业的累积性衰退，有必要提供新的投资刺激，即进一步降低利率或所得税税率，或者用修订的所得税逐渐取代正常的所得税。但一段时间之后，问题会再次出现。为了刺激投资，必须再次降低利率或者采取其他措施。因此，我们的结论是，如果仅通过刺激私人投资来实现充分就业，那么可能有必要（如果创造有效需求的投资水平高于与充分就业产出成比例扩充设备的投资水平）以累积性的方式刺激私人投资。

二 资本"深化"

一些经济学家可能会反对，认为将投资推至与充分就业产出成比例扩大生产能力所必需的水平之上不仅不会造成生产能力过剩，相反会导致更多地使用资本（相对劳动）。而且这些经济学家认为，这将导致劳动生产率提高，进而提高生活水平。

利率降低刺激人均使用更多资本的观点建立在如下假设之上，即投资企业家的计划产出是给定的。在这一前提假设下，较低的利率意味着使用更多的资本和较少的劳动力变得有利可图。但如果我们假定企业可用于投资融资的资本是给定的，那么当计划投资时，利率降低对生产方式的选择没有影响，因为利率降低同样影响净利润率，无论生产方式如何。事实上，真实的情况可能介于这两种不同选择之间，因为产品市场的不完美在一定程度上限制了计划产出，资本市场的不完美限制了可用资本。因此，在理论层面，利率降低倾向于诱导更多的资本密集型投资，但绝不可能达到人们通常认为的那种程度。在实践中，甚至这一影响也是值得怀疑的。

人均使用更多资本的主要刺激是由新发明提供的。这些新发明的优势是如此之大，以至于无论利率水平如何，它们都会被采用。这解释了为什么在利率高的落后国家所建造的工厂通常和在利率低得多的旧资本主义国家一样现代化。在这种情况下，适度降低利率会在相当程度上刺激人均使用更多资本，这一点是值得怀疑的。

到目前为止，我们假定投资是由利率降低刺激的。但我们已经证明这一方法不是很有效，因为长期利率变化相当缓慢，（更重要的是）因为利率不能降低到一定限度之下。因此，前文我们提出了一种更有效的鼓励私人投资的方法，即降低所得税压力，尤其是用修订的所得税或资本税替代现有的所得税。很容易看到，如果以新的方式刺激投资，那么资本密集度是不受影响的。实际上，无论是投资企业家的计划产出，还是可用于投资融资的资金，所得税压力的降低都不会影响设备类型的选择。产生最高水平税前利润的生产方式同样将产生最高水平的所得税后利润。

前文我们已经试图表明，降低利率或减轻所得税压力不太可能对资本"深化"有显著影响。尽管如此，劳动生产率提高的加速能够通过补贴现代化设备得以实现，如对报请政府批准的项目给予低息贷款。这并不是实现所需现代化的唯一途径。现代国有机构可能会被创建，其目的是通过竞争促进私营企业改进生产方式。但这些活动不应仅以通过私营部门投资实现充分就业的愿望为准则。只有在技术变革的加速（严格意义上）比公共投资或消费补贴更具有社会优先权（social priority）的情况下，这些计划才应该付诸实施。

三　方法的不足之处

通过刺激私人投资实现充分就业所遇到的困难反映了这一构想的根本错误。私人投资的真正作用是提供消费品生产的工具，而不是提供足以雇用所有可用劳动力的工作。这一问题与政府支出计划中公共投资和消费补贴之间的权衡问题有很相似的地方。无论是公共投资还是私人投资，都应该仅在被认为有用的程度上实施。如果有效需求未能提供充分就业，缺口就应由消费增加来填补，而不是通过堆积不必要的公共或私人资本设备来填补。

在这一基本观点之外，通过刺激私人投资实现充分就业还存在一个技术上的但重要的劣势。如果政府支出规模足够大，政府支出就永远不会达不到合意的就业效果，因为政府支出直接创造有效需求。但刺激私人投资的效果取决于企业家的反应，当企业家处于非常悲观的情绪时，很可能的情况是他们对足够大的刺激也没有反应。例如，当企业家对政治形势没有信心时，上述情况就有可能发生。

因此，我们的结论是，无论是基本因素还是技术因素，在一个发达国家试图仅通过刺激私人投资来实现充分就业的政策都是不能令人满意的。

第三部分　收入再分配

一　再分配和有效需求

收入再分配是经常被提到的实现充分就业的第三种路径。其言下之意是，当收入从高收入者向低收入者转移时，总消费会增加，因为穷人比富人有更高的消费倾向。例如，如果在增加富人所得税的同时在同等程度上降低对必需品或半必需品的间接税，或者发放同等数额的家庭津贴，平均消费倾向会提高。

通常被忽略的复杂因素是所得税税率提高对私人投资的不利影响。我们将在下文考虑这一影响。

需要指出的是，假定私人投资不受影响，如果增加的所得税收入重新用于公共投资而不是个人消费补贴，那么同样会增加有效需求。尽管受新税收影响的部分收入被储蓄，但所有的税收收入都用于投资品。因此，投资品需求的增加大于消费品需求的下降。

二　使用"修订的"所得税

从如下事实开始探讨，即我们事前知道在充分就业下私人投资应达到的水平。这一水平必须是与人口增加和劳动生产率提高成比例地扩大资本设备的生产能力。很容易看到，如果通过征收更高水平的所得税来实现充分就业，两个条件必须满足：首先，高收入者的所得税必须固定在如下水平，即它对有效需求的刺激，再加上前文的私人投资水平，可以实现充分就业；其次，为了使私人投资维持在某一特定水平，利率要么足够低，要么——这可能会是困难的——相当一部分所得税必须以修订所得税（或用资本税替代）的形式征收。例如，试想一下，人口增加和劳动生产率提高的比例均为年度 2.5%。因此，私人投资的目标必须是使资本设备的生产能力以年度 2.5% 扩张。进一步试想一下，现有的私人投资水平，所得税是 1 英镑 10 先令，其中 5 先令是修订的所得税，这些将建立足以保证充分就业的有效需求。此外，我们假定 5 先令的修订所得税将使私人投资维持在所需的水平。显然，在这种情况下，问题得到解决。

三 税收的限制

水平足够高的所得税为充分就业问题提供了一个可行的解决方案，前提是所得税的适当部分置于"修订所得税"（或用资本税替代）的基础之上。需要指出的是，与赤字支出的情况相比，在所得税制度下创造充分就业所需的政府支出更高一些。与赤字支出不同的是，税收往往会降低纳税人的消费，因而税收刺激有效需求的程度取决于它对储蓄的影响。

与预算赤字政策相比，所得税制度的优势在于不仅确保了充分就业，同时也使（税后）收入分配更加公平。但正是因为这一原因，与预算赤字政策不同的是，基于税收的充分就业政策可能会遇到更为强烈的反对。因此，在预算赤字和所得税方法之间做出任何明确的选择是很难的。所得税可能会被尽可能地推高，但在此之后应毫不犹豫地选择增加预算赤字，因为这是实现和维持充分就业所必需的。

四　工资问题

在充分就业经济中，工资增加超过劳动生产率提高的问题与本节的讨论密切相关。

我们从如下情况开始，在现有所得税的影响之外，为了维持充分就业，一定的预算赤字是必要的。进一步，工资率的增加超过了劳动生产率的提高。为了使价格保持稳定，需要提供补贴以抵消工资成本上涨。这些补贴是由所得税融资的。很容易看到，不管怎样消费都会有所增加。与高收入者（受所得税影响）下降的消费相比，工资收入者的消费增加得更多，因为后者的消费倾向更高。换言之，从高收入阶层向低收入阶层的收入再分配增加了有效需求。另外，在充分就业经济中，消费品供给仅能以牺牲投资为代价而增加，但投资可以假定固定在正常经济发展所需的水平。因此，为了抵消消费增加的趋势，新的所得税必须高于单独为补贴提供融资所需的水平；如果额外税收达到某一程度，预算赤字就会下降。在价格保持不变的情况下，工资增加将导致预算赤字政策转向所得税制度。当然，在税收增加的同时必须采取措施以防止私人投资受到影响。

上述讨论表明，工资谈判很可能改变它自身在充分就业中的角色。充分就业不得不与对高收入者征收更高所得税的"谈判"相联系，因而将工会政策与总体经济政策更加紧密相连。下文可以看到，如果不是通过补贴而是通过价格管制来保持价格稳定，情况依然如此。

五　挤压利润边际

我们已经探讨了通过税收来进行收入再分配。但在税收之前，还可以通过价格控制来进行收入再分配。如果消费品价格降低而工资保持不变，实际利润就会向实际工资转移，这等价于消费品价格不变而工资相应增加的情况。因此，只要同时采取措施将私人投资维持在一个适当水平，在实现充分就业方面，价格控制政策将与所得税一样有效。尽管如此，从行政管理的角度来看，作为一般性政策的价格控制方法不如通过税收的收入再分配，后者可以一举解决问题。另外，如果产业垄断者受到价格控制，那么他们的利润边际仍有可能会降低，这（正如消费品部门发生的情况）有助于解决充分就业问题。这样的话，留给所得税和政府贷款支出的任务将相应减少。

利润边际可能会被削减，不仅可以通过降低价格，还可以通过在价格保持不变的情况下提高工资。前文探讨了充分就业经济中的工资增加问题，我们假定价格保持不变，补贴由所得税融资。另一个保持价格不变的方法是价格控制。价格控制的劣势在于，要求更高工资的压力不太可能被限制在利润边际相对高的行业，因而在没有补贴的情况下价格保持不变通常是困难的。尽管如此，我们可以想象一个两种政策的混合，重要的是在充分就业经济中当价格保持不变时，工资增加的影响有多大。

在上面的例子中，价格是通过所得税融资的补贴来维持，从高收入阶层到低收入阶层的收入再分配将发生：工资将增加，利润将相应下降。这往往会增加有效需求，因而在充分就业下有必要削减高收入者的消费。因此，在利润向工资转移之外，还必须征收适当的所得税，这将相应降低预算赤字。这里与补贴抵消工资增加的情况有着完美的类比。与所得税缴纳者（补贴通过所得税融资）向工资收入者转移相对应的是利润向工资的直接转移。与新所得税超出补贴融资所需部分相对应的是在价格控制之外征收所得税。在任何一种情况下，预算赤字都下降额外所得税的数量，这一征收的额外所得税是为了抵消收入再分配对消费的影响。当前的例子还涉及将工会谈判与一般经济谈判相联系。原因如下：首先，尽管成本上升，但价格上升必须通过价格控制来阻止；其次，在此之外需要征收所得税。

结　论

不管是赤字支出还是由所得税增加来融资的情况，政府在公共投资

和大众消费补贴上的支出总是能够确保充分就业。在所得税融资的情况下，由于对所得税纳税人消费的影响，政府支出必然更大。在实践中，所得税融资的支出——它不仅有利于确保更多的就业，而且削弱了收入分配的不平等——应在政治上尽可能地扩大，如果这不足以确保充分就业，支出应通过举债的方式尽可能扩大。降低利润边际，无论是消费品价格降低，还是在价格控制的框架下保持价格不变但工资增加的形式，都将同样增加有效需求，进而使政府支出确保充分就业的任务更加容易完成。

私人投资必须提高至如下水平，即资本设备生产能力随人口增加和劳动生产率提高成比例扩大。这可以通过将部分的所得税转变为"修订的"所得税（或者将部分所得税替换为资本税）[①] 来实现，这一转变消除了所得税对净利润率的不利影响。此外，政府参与私营部门的投资（如清理贫民窟）可能是有优势的，甚至是必要的。

政府在公共投资和大众消费补贴上的支出（由所得税或借款融资）必须与一定水平的私人投资相结合才能创造充分就业。政府支出在公共投资和消费补贴之间的分配应遵循社会优先原则。

---

① 当然，我们不排除政府可能不得不通过限制性措施来降低私人投资水平的可能性。

刺激私人投资维持充分就业?

(1945 年)

一

（1）在当前的讨论中，如下观点被频繁提及，即充分就业可以通过刺激私人投资来维持。所考虑的刺激因素可能是"廉价资金"、所得税削减或者对正在进行投资的公司进行补贴（比如从应税利润中扣除新投资的全部金额，或者一个百分比）。本文的目的是表明，为了维持充分就业，这些措施不仅必须实施，而且必须是累积性的。这意味着利率必须不断下降，所得税必须不断削减，又或者投资补贴不断提高。此外，在本文的后二节，我们将上述措施与公共支出或消费补贴的措施进行比较。

我们始终考虑的是一个封闭经济。这一假定只是为了简便，不会影响我们的最终结论。

（2）我们接下来的探讨将集中在两个私人总投资水平。第一个私人总投资水平（净投资加折旧）创造了足以维持充分就业的有效需求，用 I_f 表示。第二个私人总投资水平刚好足以使资本存量的扩张与人口增加和劳动生产率提高成比例，用 I_c 表示。换言之，I_c 使资本存量与"充分就业产出"同比例扩张，从长远来看"充分就业产出"增加是人口增长和技术进步的结果。由此可知，如果生产能力与资本存量成比例扩张，那么 I_c 使生产能力与充分就业产出同比例扩张；因此，在维持充分就业的情况下，设备利用率迟早保持不变。但很可能的情况是，如果技

术进步意味着资本存量与生产能力之比上升，那么生产能力的增加（总投资水平为 I_e 时）将不符合"充分就业产出"；因此，当维持充分就业时，I_e 水平的总投资意味着设备利用率提高。在本文最后一节之前，我们仅考虑第一种情况，也就是假定生产能力和资本存量成比例增加。

（3）本文仅考虑 $I_f > I_e$ 的情况。我将试图在经验数据的基础上表明，上述情况与本文的讨论相关。

我们从如下事实开始，在现代资本主义经济体中，维持充分就业所需的 I_f 似乎是折旧的 2.5 倍以上。在 1929 年的美国，净投资大约是 75 亿美元，折旧大约是 95 亿美元（商业资产和住房）。根据汉森（A. H. Hansen）教授的估计，我们假定在 1940 年实现充分就业，那么 1940 年的实际国民收入需要比 1929 年高大约 250 亿美元（按 1929 年价格水平）①。乘数②在 2 和 2.5 之间，这意味着需要增加的投资超过 100 亿美元。因此，净投资将达到 175 亿美元，总投资达到 270 亿美元，这高于折旧水平的 2.5 倍。

在英国，1938 年的私人净投资大约是 3.5 亿英镑③，折旧也大约是 3.5 亿英镑。据估计，如果要实现充分就业（假定财政预算平衡），那么投资还需再增加大约 2 亿英镑。届时净投资会达到 5.5 亿英镑，总投资大约是 9 亿英镑，这高于折旧水平的 2.5 倍。

（4）接下来考虑 I_e，它刚好足以使资本存量的扩张与人口的增加和劳动生产率的提高成比例。据估计，美国过去 13 年的总劳动人口的增加大约为每年 1.5%，总劳动生产率的提高大约为每年 2.5%。④ 在发达

---

① *Fiscal Policy and the Business Cycle*（New York and London，Norton，1941）。在价格水平高于 1940 年 10% ~15% 的情况下，汉森估计 1940 年"充分就业国民收入"为 980 亿美元。按 1929 年的价格水平，这大致相当于 1080 亿美元，而 1929 年的国民收入为 830 亿美元。

② 参见 M. Kalecki，*Collected Works of Michal Kalecki*：Volume I，*Capitalism*：*Business Cycles and Full Employment*（Oxford：Clarendon Press，1990），pp. 270 – 272。这里乘数指的是实际国民收入变化与实际投资变化的比率。

③ 考虑了存货价值变动的影响，这是由当年价格下降导致的。

④ 引自 Morris Livingston，"Post-war Manpower and Its Capacity to Produce," *Survey of Current Business*，Apr. 1943。

资本主义国家，未来这些数字很难被超越，因而似乎可以合理地假定与 I_c 相对应的净投资不会高于固定资本和营运资本存量的 4%。

进一步，根据美国国民财富和折旧的统计数据，1923 年的折旧与固定资本和营运资本总价值的比率大约是 4%。其他发达资本主义国家可以假定为类似的比率。由此可知，I_c 可以假定为等于或小于资本存量的 8%，或者折旧的 2 倍。正如我们所指出的，I_f 等于或高于折旧的 2.5 倍，故而当讨论充分就业问题时，可以假定 $I_f > I_c$。

二

（1）试想一下，通过刺激私人投资维持充分就业的政策已经得以实施，如充分降低利率。投资水平被推高至 I_f，充分就业实现，与之相对应的国民收入用 Y_f 表示。如图 1 所示，A 点为最初时期的情况，对应横坐标为 $Y_{f,1}$，纵坐标为 $I_{f,1}$。随着时间推移，由于人口增加和劳动生产率提高，"充分就业国民收入" Y_f 增加。（这里 Y_f 指的是"实际"国民收入，也就是以初期价格表示的国民收入。）因此，实现充分就业所需的 I_f 也必须增加。（I_f 同样是以初期价格表示。）实际上，I_f 的增长幅度可能会超过国民收入 Y_f，因为人均国民收入的增加是生产率提高的结果，储蓄相对收入可能增加得更多；实现这一国民收入所需的投资必然等于相对应的储蓄。换言之，国民收入 Y_f 越高，收入中储蓄的比例可能越高，因而维持国民收入 Y_f 所需的投资与国民收入的比率越高。因此，图 1 中的 AB 直线代表由于人口增加和劳动生产率提高所导致的更高投资水平，位于直线 OA 的上方。

现在的问题是，是否最初的利率下降不仅足以实现初期的 $I_{f,1}$，同时也足以确保 I_f 沿着 AB 直线上升。通过 I_f 和 I_c 的比较，我们认为情况并非如此。

（2）A' 点表示初期的 I_c，也就是使资本存量与"充分就业产出" Y_f 成比例扩张所需的投资水平。根据前一节的假定，I_c 小于 I_f。显然，如

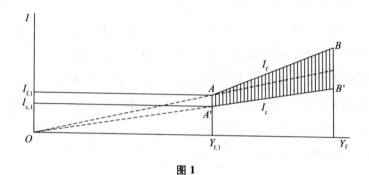

图1

果投资沿着 $A'B'$ 直线上升，资本存量会与 Y_f 成比例增加。实际上，在第一个短时期内，投资率等于 I_c，如前文所述 I_c 使资本存量与"充分就业产出" Y_f 成比例扩张。在第二个短时期内，投资率更高，与 Y_f 和资本存量上升的比例相同，因而会再次等于 I_c。（这里我们假定人口增加和劳动生产率提高是相同的）。因此，资本存量会再次与 Y_f 成比例增加，依此类推。

进一步，我们假定生产能力与资本存量成比例增加，由此可知生产能力与 Y_f 成比例增加。换言之，Y_f、资本存量、生产能力、I_c 有相同的趋势。因此，如果投资遵循 $A'B'$ 直线，与此同时维持充分就业，那么设备利用率和国民收入分配会保持不变。利润和资本存量随 Y_f 成比例变化，结果是利润率保持不变。

但实际的确保充分就业遵循 AB 直线所需的私人投资，位于 $A'B'$ 直线上方。资本将以比 $A'B'$ 直线斜率更高（甚至越来越高）的速率积累。结果是，利润率必然快速下降，使投资遵循 AB 直线所需的利率必然不断下降。[1]

---

[1] 以下复杂情况没有考虑在内。如果投资遵循 AB 直线，那么设备生产能力相对国民收入增加，也就是说设备利用率下降。设备利用率下降可能导致"分配从利润转向工资"，这将提高消费倾向并导致向下偏离 AB 直线。尽管如此，这一偏离是有限的；因为在所有企业都于最大生产能力之下运营之后，设备利用率的进一步下降不太可能导致利润的任何重大变化（收益递减的影响变得不再重要）。AB 直线将达到一个偏离停止的位置。根据我们的假设，很显然这一停止的位置仍高于 $A'B'$，我们前面的观点仍然是有效的。实际上，在初始阶段，如果设备瓶颈问题不再重要，那么 AB 直线的最低位置会占上风。本小节中 I_f 的估计是基于实际国民收入的范围来推断的，此时设备瓶颈问题并不重要。由此可知，AB 直线最低位置的 A 点仍高于 A' 点。

（3）需要补充的是，如果不是通过"廉价资金"政策刺激私人投资，而是通过其他手段，如所得税下降，问题会变得有一点复杂。因为如果所得税下降是通过预算赤字来融资，那么消费（主要是富人消费）同样会被刺激，这将有助于就业增加。尽管如此，上述影响与通过刺激私人投资来确保充分就业的政策无关。如果决定通过增加消费来实现充分就业，可以采取更加直接的方式，而不应是增加富人的消费。我们将在下一节探讨这一问题。

三

（1）前文已经表明，如果通过刺激私人投资产生确保充分就业的有效需求，那么所采用的手段必须累积性增加，以抵消利润率下降的影响。我们现在将探讨，如果在解决充分就业问题时不依赖鼓励私人投资，而是通过政府公共投资或大众消费补贴来直接创造有效需求，结果会是怎样。在这种情况下，政府会承担私人企业不愿进入领域的建设活动，因而不会与私人资本设备相竞争（否则公共投资往往会降低私人资本设备的利润率，进而涉及刺激私人投资政策所面临的同样难题）。另一种情况是，政府可以通过发放家庭津贴、养老金等，通过降低直接税和补贴生活必需品价格来增加大众消费。在上述两种情况下，额外支出（或收入下降）会在不增加现有税收的情况下融资，从而公共投资和消费补贴的增加不会被私人投资和非补贴消费的下降所抵消；由此产生的预算赤字对就业的影响与预算平衡下私人投资增加对就业的影响是相同的。

（2）试想一下，不管采用何种手段在初期我们都有如下情况：利润满足充分就业的要求，资本家投资于 I_c（即 A' 点）的水平。进一步，为公共投资或增加个人消费而产生的预算赤字固定在 $I_f - I_c$ 的水平（即 $A A'$）。通过这种方式，充分就业得以实现，因为预算赤字弥补了 I_c 小于 I_f 的数额。（当然，要实现上述情况需要一些试错。）在下一时期，

相同的政策会实施。预算赤字（按不变价格）总是可以弥补 AB 直线和 $A'B'$ 直线之间的差距。如果是这样，那么持续充分就业得以保证，私人投资自动遵循 $A'B'$ 直线，因为在这一直线上利润率是不变的。这确保了生产能力与"充分就业产出" Y_f 成比例增加。①

（3）如果采用上述维持充分就业的手段，私人投资的累积性刺激是不必要的。② 生产资源被充分利用，但私人投资被限定在设备生产能力与国民收入成比例增加所需的水平。剩余的资源被用于消费和公共投资。关于消费和公共投资的分配问题，必须补充说明一下。

如果公共投资也就是不与私人资本设备竞争的建设活动规模过大，那么当超过某一水平时，更多的公共投资将毫无用处。在河流的一小段搭建两座桥可能是有用的，但仅仅是为了提供就业而建造第三、第四和第五座桥是荒谬的。所涉及的问题在某种程度上类似于通过刺激私人投资维持充分就业的困难。公共投资应在实现合理目的的范围内实施，当公共投资超过维持充分就业所需的合理水平时，额外的政府支出必须用于消费。

因此，以合理方式实现充分就业应基于以下原则。首先，政府需要在公共投资和贫困人口消费补贴上进行支出以确保充分就业，并将之和私人投资相结合，私人投资对设备生产能力与"充分就业国民收入"成比例增加是必要的。其次，公共投资应以满足社会需求所实际需要的速率实施，超过这一水平的政府支出都应用于补贴大众消费。③

---

① 如果风险率随时间推移而下降，那么利率和所得税税率必须提高，以阻止私人投资上升超过 $A'B'$ 直线。

② 随时间推移，为公共投资或"额外"个人消费融资所需的预算赤字正在增加，但只是与 AB 和 $A'B'$ 直线之间的差距扩大有关。如果 AB 和 $A'B'$ 之间存在差距，那么实现充分就业所需的私人投资补贴必然累积性增加。AB 和 $A'B'$ 直线之间的差距扩大意味着私人投资补贴规模的加速增加。

③ 这一机制涉及不断上升的国家债务。如果国家债务的增长速度不高于国民收入的增长速度，那么融资利息的支付困难不会出现。如果国家债务的增长速度确实快于国民收入的增长速度，那么可以很容易地通过税收为额外的利息负担融资，但不会对产出和就业造成任何干扰。参见卡莱斯基 1943 年的《国家债务负担》（The Burden of the National Debt）以及 1944 年的《实现充分就业的三种路径》（Three Ways to Full Employment）。通过税收再分配，维持充分就业可以不依赖预算赤字。在本文中，为简单起见，我们仅将"贷款－支出"政策作为实现充分就业的一种手段。

由前文的分析可以清楚地看到，在上述机制下，私人投资的周期性波动没有理由出现，因为决定私人投资活动的因素——主要是利润率——总体上是稳定的。由各种原因引起的私人投资的微小波动，能够通过长期适当分配公共投资来最优抵消

四

（1）到目前为止，我们假定生产能力在长期与资本存量成比例增加。我们仍然需要考虑前文提及的更加复杂情况，即技术进步导致资本存量与生产能力之比上升。

如果私人投资遵循 $A'B'$ 直线，也就是说如果私人投资使资本存量与充分就业产出 Y_f 成比例增加并维持充分就业，那么设备利用率必然提高，因为与资本存量相比，生产能力扩张更为缓慢。生产能力扩张更为缓慢导致（从某一点开始）分配偏向利润，利润的增加比 Y_f 更为迅速。随着资本存量与 Y_f 成比例增加，利润率倾向于上升。结果是，在通过政府支出维持充分就业的情况下，私人投资将高于 $A'B'$ 直线对应的水平。

尽管如此，私人投资将低于使生产能力与"充分就业国民总产出" Y_f 成比例增加的水平。因为如果生产能力确实与 Y_f 成比例增加，设备利用率就会保持不变，但资本存量会比生产能力扩张更为迅速；因此，Y_f 会相对资本存量下降，但分配没有理由会偏向利润，进而利润率也会下降，这会阻碍投资。

由此可知，在上述情况下，利润率保持不变必然伴随着设备利用率提高。但这最终必然导致设备相对可用劳动力短缺的情况。失业出现不是因为有效需求不足，而是因为生产能力短缺。

如果要避免上述情况，私人投资的累积性刺激（通过降低利率等）就是必要的，从而将私人投资维持在生产能力与人口和劳动生产率同比例扩张的水平，也就是生产能力与 Y_f 同比例增加的水平。此时刺激私

人投资不是为了产生足以维持充分就业的有效需求，而是为了防止可能出现的生产能力短缺。

（2）前文默认地假定市场不完全竞争和寡头垄断程度保持不变，因而分配偏向利润必然涉及设备利用率提高。尽管如此，如果市场不完全竞争和寡头垄断程度的提高足以抵消资本存量与生产能力之比上升对利润率的影响，那么利润率可以保持不变，同时设备利用率也不变。但分配持续偏向利润（由市场不完全竞争和寡头垄断程度持续提高导致）将不断降低人口的消费倾向；为了维持充分就业，政府将不得不累积性地增加大众消费补贴。这事实上等同于间接的累积性投资刺激。

（3）从一般化的视角考虑上述出现的困难是有趣的。如前一节所述，政府支出政策克服了资本主义制度的一个矛盾，即有效需求不足。但如果技术进步导致生产能力相对资本积累增加更为缓慢，也就是说生产的资本强度增加，马克思在他的利润率下降规律中所表述的资本主义制度的另一个矛盾就会出现。尽管有效需求的问题已经解决，但第二个矛盾导致仍然有必要向私人企业提供累积性补贴，以使生产能力扩张与人口增加和劳动生产率提高相匹配。

这一问题的逻辑解决方案是，在上述情况下，私营企业的职能应部分地由政府接管。如果私营企业——即使在政府干预能够确保市场充分利用其资源之后——不能按照人口增加和劳动生产率提高所需的速率完成提供新设备的任务，那么国有工厂应被建立以弥补私人投资的不足。因此，在私人企业活动领域，投资将与充分就业产出成比例增加，尽管利润率下降。由于利润率下降，投资中私人企业的份额将持续减少，政府的份额将持续增加。国有工厂占有的产业设备份额将越来越大，这是充分就业制度下私人企业无法实现其目标的典型症状。

应该强调的是，本文的探讨仅关注于充分就业经济学。在资本主义制度下，实现充分就业所涉及的政治问题并不在本文的探讨范围之内。

马克思再生产方程与现代经济学

(1968 年)

一

在开始本文的讨论之前，我们稍微修改一下马克思的经济部门划分，以便简化论证并重点关注再生产框架的基本问题。

首先，我们假定部门 1 涵盖包括各自原材料在内的总的投资价值，而不仅是生产资料。因此，部门 1 代表了所有最终非消费品的一体化生产。（在论证中，和马克思处理再生产框架时所做的一样，我们忽略了对外贸易以及政府收入和支出。）

其次，我们采用同样的方式处理消费品，也就是说消费品部门的产出涵盖各自原材料的生产。此外，完全本着马克思的精神，我们区分了如下两个部门：生产资本家消费品的部门 2 和生产工资品的部门 3。

基于此，我们得到了如下国民收入经济表，其中 P_1、P_2、P_3 为每个部门的毛利润（折旧之前）；W_1、W_2、W_3 为每个部门的工资；P 和 W 是总的利润和工资；I 是总投资，C_k 为资本家消费，C_w 为工人消费，Y 是国民收入（折旧之前）。

$$
\begin{array}{cccc}
1 & 2 & 3 & \\
P_1 & P_2 & P_3 & P \\
W_1 & W_2 & W_3 & W \\
I & C_k & C_w & Y
\end{array}
$$

二

和马克思一样，我们假定工人不储蓄。此外，我们将未售出商品的可能囤积问题仅视为一个短暂现象。这样很容易得到基本的马克思"交换方程"，一边是部门 1 和部门 2，另一边是部门 3。

部门 3 的利润 P_3 体现为在支付工资 W_3 之后留给该部门资本家的工资品，工资 W_3 吸收了等量的工资品。因此，价值 P_3 的工资品被出售给部门 1 和部门 2 的工人：

$$P_3 = W_1 + W_2 \tag{1}$$

马克思是在给定不变利率 r 的扩大再生产背景下探讨上述方程的。显而易见的是，只要不存在前文提到的未售出商品的囤积，上述方程在任何情况下都成立。

在一般情况下，方程（1）引出了一个命题，即给定三个部门中收入在利润和工资之间的分配，投资 I 和资本家消费 C_k 决定了利润和国民收入。实际上，在方程（1）的两端加上 $P_1 + P_2$，可以得到：

$$P_1 + P_2 + P_3 = P_1 + W_1 + P_2 + W_2$$

因此，有：

$$P = I + C_k \tag{2}$$

此外，用 w_1、w_2、w_3 分别表示 $\dfrac{W_1}{I}$、$\dfrac{W_2}{C_k}$、$\dfrac{W_3}{C_w}$，由方程（1）可以得到：

$$(1 - w_3) C_w = w_1 I + w_2 C_k$$

因此，工资品消费为：

$$C_w = \frac{w_1 I + w_2 C_k}{1 - w_3} \tag{3}$$

国民收入为：

$$Y = I + C_k + C_w = I + C_k + \frac{w_1 I + w_2 C_k}{1 - w_3} \tag{4}$$

在任何情况下（不仅仅是均匀扩大再生产的状态下），可售出的国民收入（或总产出）Y 和可实现的利润 P 都是由投资 I 和资本家消费 C_k 的水平决定的（给定收入在工资和利润之间的分配）。有人可能会问，为什么方程（2）和方程（4）必须这样来解释，而不是反过来，即投资和资本家消费由利润和国民收入决定。这一关键问题的答案如下。

在所探讨的短期内，投资和资本家消费是过去决策的结果，因而应被视为给定的。就投资而言，这直接源于建设周期的时滞。但资本家消费的变化同样会在一定程度上滞后于利润的变化。现在，某一时期的销售和利润不可能是过去决策的直接结果：资本家可以决定明年投资和消费多少，但他们不能决定售出的数量和利润。某一时期的自变量是投资和资本家消费。通过方程（2）和方程（4），这些自变量的规模决定了可实现的国民收入和利润的水平。

三

资本家的投资和消费决策是基于"实际"单位而不是货币单位做出的：也就是说，I 和 C_k 应以稳定价格来计算。如果 w_1、w_2、w_3 不变，且所有三个部门的货币工资率同比例变化，那么三个部门的产出价格也是如此。此外，显而易见的是，方程（2）和方程（3）在"实际"单位下也是成立的。在这种情况下，"实际"投资或资本家消费的任何增加都会导致部门 3 的产出 C_w 增加，从而部门 3 的剩余 P_3 足以满足部门 1 和部门 2 的更高工资所产生的需求，即 $W_1 + W_2$。

尽管如此，I 或 C_k 增加的影响只有在部门 3 存在未使用生产能力时才会是可能的。假设事实并非如此。C_w 按实际单位计算保持不变，等于常数 B。在这种情况下，$W_1 + W_2$ 的货币价值增加将导致价格上升，而不是工资品产出增加。结果是，与部门 3 存在未使用生产能力时的水平相比，W_1、W_2、W_3 的"实际"价值将有所下降。因此，所有涉及的数量都以"实际"单位来解释的 $w_1 = \dfrac{W_1}{I}$、$w_2 = \dfrac{W_2}{C_k}$、$w_3 = \dfrac{W_3}{C_w} = \dfrac{W_3}{B}$，都将以与工资品价格上升成反比的比例下降。此时，方程（3）为：

$$\frac{w_1 I + w_2 C_k}{1 - w_3} = B$$

当 I 或 C_k 增加时，w_1、w_2、w_3 按一定比例下降，确保方程的左侧等于 B。[①]

第二节和第三节实际上体现了现代有效需求理论的主旨。可以看到，如果马克思的方程（1）是在一般情况下而不是在均匀扩大再生产的情况下探讨，现代有效需求理论就完全可以从马克思的方程（1）中推导出来，这一方程体现了部门 1 和部门 2 与部门 3 之间的交换。

四

现在我们探讨方程（2）和方程（4）在后一种情况也就是资本均匀积累过程中的重大意义。用 K 表示"实际"资本存量，r 为净积累率，δ 为折旧率。在这种情况下，由于 I 是包含折旧的投资，"积累方程"为：

$$I = (r + \delta)K \tag{5}$$

由于探讨的是长期增长过程，我们假定资本家消费 C_k 和利润 P 成比例。根据方程（2），利润 P 等于 $I + C_k$，由此可知 C_k 与 I 成比例，即 $C_k = mI$。因此，方程（4）变化为：

---

① 在社会主义经济中，消费品价格相对工资总是固定的，从而确保生产能力 B 的充分利用，即方程 $\dfrac{w_1 I}{1 - w_3} = B$ 是永远满足的（在这种情况下 C_k 明显等于 0）。

$$Y = (1 + m)I + \frac{(w_1 + m\,w_2)I}{1 - w_3} = I\left(1 + m + \frac{w_1 + m\,w_2}{1 - w_3}\right) \tag{6}$$

用方程（5）替换 I 可以得到

$$Y = K(r + \delta)\left(1 + m + \frac{w_1 + m\,w_2}{1 - w_3}\right) \tag{7}$$

因此，国民收入 Y 和资本存量 K 成比例（假定 w_1、w_2、w_3 不发生变化）[①]。在生产能力与资本存量之间关系给定的情况下，设备利用率是不变的。如果在初始阶段资本设备被令人满意地利用，那么这一状态会在扩大再生产过程中得以保持，有效需求问题不会出现。

这是许多当代经济增长理论所固有的方法。特别是，如果对方程（7）求导，就可以得到：

$$\frac{\mathrm{d}Y}{\mathrm{d}K} = \frac{Y}{K} = r\,\frac{Y}{rK}$$

给定不变的令人满意的设备利用率，$\dfrac{\mathrm{d}K}{\mathrm{d}Y}$ 就是所谓的资本产出比，我们用 R 表示。此外，rK 为净投资，因而 $\dfrac{rK}{Y}$ 即积累占国民收入的相对份额，用 a 表示。因此，有：

$$\frac{1}{R} = \frac{r}{a}$$

或者

$$r = \frac{a}{R}$$

这就是哈罗德—多马理论（Harrod-Domar theory）的基本方程（但在哈罗德—多马理论中，系数 a 代表"人口的储蓄倾向"，而不是利润中净积累与国民收入的比率，后者取决于资本家和工人之间的分配）。

---

① 如果所有三个部门的生产能力以相同速度扩张，那么前一节讨论的工资品短缺将不会出现。

事实上，许多当代增长理论只不过是马克思扩大再生产框架这一主题的变体，这一扩大再生产框架用如下方程表示：

$$W_1 + W_2 = P_3 \tag{1}$$

$$I = (r + \delta) K \tag{5}$$

五

我相信，第二节所描述的投资和资本家消费的变化的影响不会引起重大疑虑。与之相比，第三节所描述的移动均衡依赖于一个影响非常深远的假设，即资本家愿意以每年不变的速率 r 增加他们的资本。但如果资本家变得更加谨慎（或许是他们阶级的社会结构发生变化的影响），他们决定减少投资，从 $(r + \delta) K$ 下降到 $(r' + \delta) K$ $(r' < r)$，那么此时会发生什么？

由方程（7）可知，由于有效需求下降，$\dfrac{Y}{K}$ 和设备利用率都会以 $\dfrac{r' + \delta}{r + \delta}$ 的比例下降。显然，在这种情况下，"谨慎的"资本家将不再认同较低的积累率 r'，而是会进一步下降到更低的 r''，这反过来将相应地影响设备利用程度。

一些经济学家往往将上述现象视为经济周期的下行阶段，它围绕最初的增长路径发生。但这样的观点是缺少合理依据的：在偏离了最初的不稳定路径之后，没有理由表明为什么投资必须围绕最初的水平波动，而不是围绕折旧水平 δK 波动。或者用马克思的话来说：一旦向下偏离了扩大再生产路径，为什么资本主义制度不能在长期简单再生产中找到自己的位置？

事实上，只要我们没有解决投资决策的决定因素问题，在上述情况下什么会真实发生我们是完全不知道的。马克思没有形成这样一种理论，现代经济学也没能做到这一点。经济学家就周期性波动理论的发展做了一些尝试。尽管如此，涉及长期趋势相关因素的投资决策的决定因素问题要比"纯经济周期"（即在长期时受限于简单再生产）的情况复杂得多。我自己沿着这一思路做了一些尝试，我认为自己在这一领域的研究无疑是开创性的。但有一点我是清楚的：在资本主义经济中，与令人满意的设备利用有关的国民收入长期增长远不是显而易见的。

<h1 style="text-align:center">六</h1>

马克思深刻地意识到有效需求对资本主义制度动态的影响，这可以从《资本论》第三卷的这一段中清楚地看到："直接剥削的条件和实现这种剥削的条件，不是一回事。二者不仅在时间和空间上是分开的，而且在概念上也是分开的。前者只受社会生产力的限制，后者受不同生产部门的比例和社会消费力的限制。"① 尽管如此，马克思没有系统性地从有效需求问题导致资本主义固有矛盾的视角来审视其再生产框架所描述的过程。

马克思最杰出的追随者之一，卢森堡，在这一问题上表达了非常明确甚至极端的观点：在"外部市场"不存在的情况下，卢森堡完全否定长期扩大再生产的可能性。卢森堡的"外部市场"指的是世界资本主义制度之外的市场，不仅包括不发达国家，还包括发达资本主义经济体的非资本主义部门，比如农业和政府购买。

卢森堡认为投资决策是由整个资本家阶级做出的，这一阶级因为意识到最终没有经济剩余的市场而感到沮丧，卢森堡的这一观点受到了批评。尽管如此，卢森堡对长期扩大再生产可能性的怀疑是有价值的，因为资本主义经济的自我推动式增长确实不能被视为理所当然的。在我看来，如果资本主义经济在没有"外部市场"帮助的情况下扩张，那么这是源于技术进步的某些方面，但技术进步并不能确保令人满意的长期

---

① 马克思：《资本论》（第三卷），人民出版社，1975，第 272 页。

设备利用。

"外部市场"在资本主义发展中的重要性不应被忽视。特别是在今天的资本主义中，以政府支出尤其是军备支出形式出现的"外部市场"在资本主义经济运行中发挥着重要作用。这一政府支出在一定程度上是通过贷款或向资本家征税来融资的，有助于解决有效需求问题，因为其影响不会被投资和消费的下降所抵消。（如果政府支出是通过向工人间接或直接征税来融资，后一种情况就会出现。）因此，就扩大再生产而言，今天这一特殊形式的"外部市场"甚至比卢森堡提出她的理论时更加重要。

事实上，政府创造的"外部市场"所导致的资源充分利用对西方经济理论产生了矛盾的影响。它创造了一种氛围，有助于构建不受长期有效需求问题困扰的自由放任资本主义经济增长模型。

经济计量模型和历史唯物主义

(1965 年)

一

经济计量模型（econometric model）和历史唯物主义（historical materialism）是理解社会发展的两种不同方法。前者基于所考察时期内经济计量变量之间的函数关系，以及这些变量与过去时期同一变量之间的函数关系。假定函数关系给定，且不容易发生变化。通过这种方式，一个明确的动态过程被确立，但仅在上述函数关系不变的基本假设得到满足的情况下，这一动态过程才与实际发展相对应。

历史唯物主义将社会发展过程视为生产力和生产关系（基础）的发展过程，生产力和生产关系决定其他一切社会现象的形成，比如政府、文化、科学和技术等（上层建筑）。这里涉及一个反馈效应，上层建筑同样影响经济基础。

这两种方法似乎并非不可调和。别忘了，马克思的再生产框架只不过是简单的经济计量模型。实际上，在自然资源、生产关系和上层建筑的变化不影响生产力发展的特殊情况下，系统将遵循经济计量模型所确定的路径，因为经济变量之间关系不发生变化的前提得以满足。在更一般的情况下，函数关系受系统其他三个领域的影响而发生变化，经济发展是一个比经济计量模型所呈现的复杂得多的过程，因为它反映了社会各个方面的演进。

本文的目的是更加深入地探讨上述问题。我们将考虑一个封闭体系，以便能够聚焦基本问题。

二

用 B_t 表示 t 时期刻画了系统经济情况的变量的总和。假定所讨论的变量可以表示为 t 时期以及此前 τ 时期该变量的函数。象征性地将之表示如下，其中 f 代表所涉及关系的总和：

$$B_t = f(B_t, B_{t-1}, \cdots, B_{t-\tau}) \tag{1}$$

正如现在流行的那样，B_t 可以被视为一个向量，它是 B_t 自身以及代表过去 τ 时期经济状况的 B_{t-1}，$\cdots$，$B_{t-\tau}$ 的函数。这里 τ 保持不变，这相当于假定比 $t-\tau$ 时期更为遥远时期的变量对 t 时期的经济状况没有直接影响。另一个基本假设是函数 f 的不变性，即它所代表的所有关系的不变性。在上述假定下，如下方程决定了经济变化的进程，因为决定 B_t 进而决定 B_{t+1}，依此类推，这是经济计量模型方法的要点：

$$B_{t+1} - f(B_{t+1}, B_t, \cdots, B_{t-\tau+1})$$

$$B_{t+2} = f(B_{t+2}, B_{t+1}, \cdots, B_{t-\tau+2})$$

$$\cdots\cdots$$

函数 f 的不变性这一关键假定意义深远。因为它预先假定了由上述方程决定的经济发展不会导致自然资源、生产关系和上层建筑领域的转变，这些转变反过来会影响用函数 f 代表的经济变量之间关系。特别是，对经济发展和生产关系之间相互依存的抽象使得经济计量模型具有机械论的特征。在明确其局限性的前提下，机械论特征并不妨碍经济计量模型成为一种有用的分析工具。尽管如此，完全不可接受的是，在默认不存在生产关系的前提下构建未来经济发展的经济计量模型。

三

需要指出的是，即使在经济计量模型中，函数 f 所表示的关系也不能被认为严格不变。因为经济关系本质上是相当不严谨的：所涉及的参数不是严格意义上的常数，而是常数加上一些小的随机因素。因此，函数 f 所表示的经济变量之间关系是准不变的（quasi-invariable），这些关系会受到小的随机干扰。

问题在于，参数的小的随机变化是导致相关经济变量发生小变化，还是其影响不成比例地大。我将这两种不同情况分别称为稳定过程和不稳定过程。在不稳定过程中，参数的微小变化会导致系统路径的突然改变。这一改变最终导致一个新的稳定过程，这一新的稳定过程代表了实际发展，而不稳定过程是短暂的。因为即使不稳定过程曾经存在，它也会在随机干扰的影响下被上面提到的稳定过程所取代。[①]

因此，可以假定函数 f 所代表的关系产生了一个稳定动态过程，也就是说这些关系的特征阻止了所涉及参数的微小变化引起变量的较大变化。不管怎样，函数 f 的准不变性都并不能将经济周期现象排除在外。它仅仅意味着经济变量之间关系的微小变化通常不会对经济周期进程产生较大影响。

四

现在，我们从经济计量模型转向考虑社会发展的各个方面。用 A_t、C_t 和 D_t 分别表示 t 时期的自然资源、生产关系和上层建筑情况。但 C_t

---

① 参见卡莱斯基 1962 年的《增长理论审视》（Observations on the Theory of Growth）。在理论层面，不稳定过程可能不会导致稳定过程，但由于随机干扰，系统会不断地受到剧烈波动的影响。尽管如此，这样的一个系统将很难以这样或那样的方式经历一些非制度性的转变，进而结束其极端不稳定性，我们将在后面对此进行讨论。

和 D_t 只能部分地用定量概念来描述（如资产阶级财富和收入的集中程度）；这里涉及的不可测量的定性因素与 B_t 形成对比，后者是定量变量的总和。应当指出的是，B_t 涵盖生产力及其影响的领域。

经济计量模型产生的过程可以用 $B \to B$ 表示，这表明该过程是在 B 的领域内"自发性"变化。相应地，其他领域的自发性变化可以用 $A \to A$、$C \to C$ 和 $D \to D$ 表示。在表明自然资源"自然变化"的 $A \to A$ 中，尽管有些在长期内可能重要（如海水消退），但不是本文讨论的重点。

在"自发性"进程之外，不同领域之间还存在明显的相互依赖，比如过去和现在的经济发展对生产关系的影响（反之亦然）：$B \to A$ 和 $B \to C$。重要的相互依赖如下，也就是经济发展对其他一切领域的影响（反之亦然），以及生产关系变化对上层建筑的影响（反之亦然）：

$$B \to A \text{ 和 } A \to B$$
$$B \to C \text{ 和 } C \to B$$
$$B \to C \text{ 和 } D \to B$$
$$C \to D \text{ 和 } D \to C$$

历史唯物主义的基本前提是，与经济发展和生产关系变化对上层建筑的影响相比，上层建筑的自发性变化是次要的。接受这一前提，我们得到如下重要联系的图示，×表示存在因果关系：

	A	B	C	D
A		×		
B	×	×	×	×
C		×	×	×
D		×	×	

五

现在我们回到经济发展问题（我们指的是包括周期性波动的经济动态过程），考虑经济发展与自然资源、生产关系和上层建筑领域的演进之间的相互依赖。经济发展显著地影响自然资源（如矿藏的枯竭和发现）、生产关系和上层建筑的状态。此外，生产关系可能是内生变化的（如某一给定经济状况下阶级斗争的发展）。生产关系的演变对上层建筑也有重要影响。

经济发展反过来也受系统其他三个领域变化的影响。这里尤其存在一种反馈关系。经济发展导致生产关系发生变化，生产关系发生变化反过来又影响经济发展进程。

由此可知，很明显经济计量模型的基本假定——也就是代表现在和过去经济变量之间所有关系的函数 f 不会发生变化——是不成立的。$A \to B$、$C \to B$ 和 $D \to B$ 的影响决定了该函数不同时期的变化。由此方程（1）改写如下：

$$B_t = f_t(B_t, B_{t-1}, \cdots, B_{t-\tau}) \tag{2}$$

仅在函数 f 不变的特殊情况下，上述方程为经济计量模型。这种情况发生需要两个条件：首先，在纯经济情况之外的领域没有自发性变化，或者这些自发性变化不会显著影响经济发展模式；其次，经济发展对系统其他领域的影响不涉及显著的反馈效应。

六

在第三节，我们通过函数 f 探讨了经济计量模型中产生的进程稳定性问题。我们的结论是，将产生稳定动态进程归因于函数 f 是有合理解释的，这一稳定动态进程不会因函数 f 的微小变化而显著地偏离其路径。在这种情况下，总是存在的函数 f 的微小随机变化不会在系统演进中产生重要扰动。

现在的问题是，函数 f 是否表现出上述特征，由于自然资源、生产关系和上层建筑领域演进的影响，函数 f 通常会发生稳定变化。假定 n 时期的 f_n 具有上述特征。随着时间推移，函数 f 的形式发生变化，在 $n+k$ 时期函数 f 的形式可能变化至某一程度，以至于无法保证系统免疫

于函数 f 的微小变化，从而显著地影响经济发展路径。如果是这样，函数 f_{n+k} 形式的微小随机变化就会很快导致经济发展中的突然错位。随后如第三节所描述的，系统会很快达到一个新的稳定路径。[①]

由此可以得出的结论是，f_n 通常是如下一种类型函数，其形式的微小变化不会导致经济变量的重要变化；但在某些持续时间不长的关键时期，函数 f 可能不会表现出上述特征。在这样的时期，经济发展路径将突然改变，有时系统可能会在一段时间内表现为经济状况的极端不稳定。

七

前一节讨论的经济发展突变是由准内生因素引起的。的确，函数 f 的形式从 f_n 到 f_{n+k} 是源于系统 A、C、D 领域的影响。但经济发展中的错位出现是因为 f_{n+k} 中的微小随机变化引发了经济变量的较大变化。尽管如此，在生产关系和上层建筑领域发生的事件可能会造成对过去发展路径的粗暴偏离。

在这些领域，通常会观察到如下现象，即某些问题逐渐达到顶点，最终爆发；这一爆发通过粗暴地改变函数 f 塑造了经济发展模式。

所讨论的爆发过程及其原因可能在性质上有所不同。现有的生产关系可能阻碍经济发展（甚至可能导致停滞或倒退）；上层建筑（政府的形式和构成等）甚至可能与已实现的生产关系阶段不相适应。这导致革命，在革命中生产关系和上层建筑都经历剧烈变革。但上述情况也可能以改革而告终，此时生产关系和上层建筑的转变要小得多，持续更长一段时间。在任何一种情况下，经济发展都将受到深刻影响，但是以不同的方式。

---

① 在理论层面，这一系统可能会受到剧烈波动的影响（参见前一个脚注）。但这种波动可能不会持续太久，因为系统的不可行性（non-viability）可能会导致生产关系领域和上层建筑领域的反应，进而终结这一极端不稳定。

有些时候，由系统表现不佳引起的改革甚至不会从根本上改变生产关系或政府的形式和构成。它可能仅仅包括政府政策的实施，但政府政策对系统经济动态有重要影响。以当前时期为例：30 年代的大萧条动摇了资本主义的根基，但由此产生的结果仅仅是一种关于政府反衰退干预的技术，这只是触及资本主义制度的表层，却显著地影响经济周期模式。

八

基于上述讨论产生了一种呈现社会演进的新方法。在某种意义上，这一新方法的焦点是经济发展，经济发展进程由一个"一般化的经济计量模型"决定，该模型涉及现在和过去的经济变量之间的变化关系。这些变化源于自然资源、生产关系和上层建筑领域演进的影响，反过来这些领域的演进又受到经济发展进程的深刻影响。

为什么经济学不是一门精确科学？

（1964 年）

华沙大学授予的荣誉博士学位让我感到万分荣幸，特别是因为以下两点。首先，这类荣誉通常是授予国外的来访者，而我就住在两英里之外。其次，博士学位是对我在政治经济学领域研究的奖励，在这一领域几乎任何成就都存在争议，不能获得普遍认可，因而任何表达认可的信号都值得更多的感谢。

或许今天是一个机会，可以思考经济学这一学科处于上述状态的原因。换言之，为什么经济学至今未能成为一门精确的科学？这一问题无疑会让外行人发笑，他们被经济学家无休止的争吵逗乐了。不管怎样，这都是一个值得回答的问题。在其最一般性方面，经济学与理论物理学有一些相似之处。两者都是定量的学科，基于从真实现象的知识中得到的一般性前提，它们都发展出一个面向外部世界的演绎体系。但作为一门科学，经济学是多么地落后于理论物理学！我将试图以购买力保持（preservation of purchasing power）的萨伊定律为例——直到最近这一定律仍然是经济学的唯一主题——在资本主义经济学领域解释上述现象的原因。

粗略来说，萨伊定律断言，所有的收入、工资或利润都全部用于购买商品和服务。就消费支出而言，这是不言自明的，而积累被视为总是用于投资。这一学说明显排除了普遍生产过剩的可能性，总需求总是等于总供给。萨伊定律与物质和能量守恒定律有一定相似之处。不同之处在于，萨伊定律是明显错误的。萨伊定律意味着国民收入的价值是不变的。举例来说，如果消费支出减少，投资支出就会增加。但很显然情况并非如此，因为国民收入的价值会发生突然变化。

为了拯救这一定律，各种各样的奇妙设计被补充进去，这些设计类似于支撑托勒密体系（Ptolemaic system）的装置。例如，资产阶级经济学认为，如果利率处于所谓的"均衡率"水平，这确保了所有积累都投入投资，那么萨伊定律是成立的。任何偏离萨伊定律的情况都被解释为实际利率偏离均衡率。经济学家花了很长时间才认识到，均衡率的概念是被完全误解的，因为实际的利率与之无关。

抛弃购买力保持的萨伊定律意味着承认普遍生产过剩的可能性。特别是，投资可能会低于与生产资源充分利用相对应的积累，因为投资数量是由完全不同的因素决定的。这导致未售出商品的囤积。显然，上述情况不会持续太久，很快会出现资源利用不足的状态，其特征是马克思所指出的生产力增长与大众购买力之间的矛盾。

为什么购买力保持的信念会维持如此之久？在我看来，有两个基本原因：资本家的阶级利益和个体经验对萨伊定律的明显佐证。这一排除普遍生产过剩的学说使资本主义制度似乎有能力充分利用生产资源，并将周期性波动视为微不足道的摩擦。这些辩解因将家庭经验应用于整体经济而得到促进，显然家庭消费越少，储蓄就越高。但个体收入是给定的，而资本主义制度的国民收入是由消费和投资决定的，这两个组成部分中任何一个下降都绝不会自动导致另一个上升。因此，个体经验与整体经济进程并不相符。

换言之，萨伊定律是一个支撑资本主义基础的教条学说，将个体日常经验应用到经济系统促进了这一教条学说。这明显让人联想起当面对哥白尼理论（Copernican theory）时对托勒密学说的维护。托勒密学说的存在源于教会所宣扬的教条，它与封建制度密切相关，这一教条因与日常经验明显一致而得以强化。

经济学的发展还有另一个阻碍，它与上面探讨的社会学因素有所不同，是资本主义政治经济学这一主题所固有的。让我再次以萨伊定律为例。在拒绝了投资由积累决定的假设之后，我们仍然面临投资的实际决定因素问题。这一问题没有得到令人满意的解决。关于投资决策的决定因素，学者提出了各种不同的假说。但通过统计数据分析，很难对其中任何一个假说给予结论性的证实：由于干扰无法像在物理学实验中那样被消除，任何一个假说都不能得到充分证实。

关于社会主义经济学这个新学科，我补充几句，特别是关于社会主义经济增长理论，我认为这是社会主义经济学最重要的部分。

社会主义经济增长理论是基于如下理念，即社会主义经济的目标是提升生活水平。但这不足以构建一个增长理论。长远来看，投资占国民收入相对份额的增加导致生活水平提高，但短期来看，投资会对消费产生不利影响。解决这一困境的折中方案是基于政府的政治决策。在社会主义经济增长理论中，我们将政府对短期消费和长期消费的比较性估值视为给定的，这一比较性估值构成了政府政治决策的基础。由于有限自然资源、引进新技术和培训有经验人员所需的时间等技术和组织因素，我们还假定经济单个部门的增长率是有上限的。建立在上述假设基础之上的增长理论是一门纯粹的演绎学科。但这些推理不能完全决定经济发展进程，因为刚刚提到的"外部"因素起着非常重要的作用。因此，在纯经济学领域，增长理论基本上是一门精确的科学，但这一理论没有穷尽经济发展过程所涉及的各种问题。另外，那些没有进入增长理论的因素，被假定是给定的，本质上是存在争议的。

不幸的是，目前观点的分歧不仅出现在不可避免的地方，而且在增长理论中也是如此，但如我刚刚所说的，增长理论基本上是一门精确的科学。这仅仅是因为我们才刚刚开始发展这门极其复杂的学科。甚至其最根本的问题，我们还远未掌握。此外，在我们的讨论中，委婉来说我们通常未能实现在表述和论证上达到最高的精确标准。还有一种倾向，就是将事实上需要论证的观点作为公理提出，但在进一步审视之后，这些观点并不总是站得住脚的。

219

增长理论及其应用的进一步发展应消除那些由知识不完善而产生的意见分歧，并将经济讨论转向理论本身无法解决的问题。

最后，我补充一点，即我用来阐述经济学不足之处的例子，都来自我的研究重点集中的领域。我今天所获得的荣誉主要归功于这些研究。因此，毫不奇怪的是，就今天演讲的主题而言，我着眼于那些我尽最大努力克服政治经济学不精确性的领域。

不同社会制度的增长理论

（1970 年）

一

本文旨在阐明如下观点，即一个社会制度的机制框架是其经济动态的基本要素，也是与该制度相关的增长理论的基本要素。这一观点听起来似乎有道理，但即便如此在西方经济学中也有一种倾向——这表现为当前对经济增长理论的极大兴趣——即采用某种一般增长理论，通过与现实相去甚远的模型刻画当前的资本主义、社会主义或"混合"经济。事实上，所讨论的著作通常与某种理想化的自由放任资本主义（至少是含蓄地）相关。这些研究的问题和结果很容易转化到社会主义制度的范畴内，有趣的是它们在社会主义比在资本主义更加适合，尽管仍然不是很好，因为它们通常集中在那些不是最关键的问题上。因此，出现了一种在经济思想史上并不罕见的情况：理论正在被创造，这可能会引发极大兴趣，但对理解实际发生了什么、正在发生什么或应该发生什么并不是非常有益的。

二

在我看来，应用上述理论的自由放任资本主义制度的核心问题是有效需求，也就是在资源充分利用的情况下为其产品找寻市场的问题。在

20 世纪 50 年代，这一问题仍然是西方经济学家普遍感兴趣的焦点，与周期性波动理论和政府干预以抵消需求不足问题有关。

但在对经济动态的探讨集中在增长问题之后，有效需求这一因素通常被忽视了。要么简单地假定有效需求问题在长期不重要，因为除了经济周期之外，有效需求问题并不需要被考虑在内；要么更具体来说，有效需求问题可以通过两种替代方式解决。首先，增长处于均衡（哈罗德）增长率水平，从而投资的增加刚好足以产生与投资水平所创造的新生产能力相匹配的有效需求。其次，无论增长率如何，由于长期的价格灵活性，生产资源都得到充分利用：在长期，价格相对工资会被推高至如下水平，即劳动的实际收入（及由此产生的消费）足以引致吸收充分就业的国民总产出。

尽管如此，我不认为有理由忽视在资源充分利用的情况下为国民总产出找寻市场的问题，无论以上述何种替代方式。通常而言，第一种替代方式代表的趋势是不稳定的：任何微小的增长率下降都涉及投资的减少，由于国民收入与设备存量之间的关系，这会对投资产生不利影响，并导致增长率进一步下降。认为上述干扰仅仅会导致一个先下降随后向均衡增长率上升的情况，也就是产生一个趋势 – 经济周期，这一观点在数学上是站不住脚的：所依赖的方程不能产生一个与指数曲线和正弦曲线组合相对应的解。我也不赞成构成第二种替代方式的理论基础，即长期价格灵活性。固定价格中涉及的垄断和半垄断因素——这些因素深深植根于资本主义制度——不能被刻画为暂时的短期价格刚性，而是会影响经济周期和长期中的价格工资成本关系。

三

在我看来，自由放任资本主义经济的长期增长问题应该以与经济周期问题完全相同的方法来解决。"纯"经济周期是趋势 – 经济周期一般现象的一个特例，此时增长率等于零，即经济是稳态的。在经济周期理论所依据的论证中，某些数量被假定为不变的——这在一定程度上与对技术进步的考虑不足有关——但在一个扩张经济体中技术进步必然存在。因此，有必要处理这一限制（这一限制将经济周期理论束缚在稳态经济），并得出一个包含趋势和周期性波动的系统变化。或者可以换一种说法：如果前文两种替代方式因不充分而被丢弃，那么自由放任资本主义制度动态的核心问题是指明什么使得系统得以扩张。实际上，仅凭创造新生产潜力的资本积累是可行的这一事实，并不能证明投资即将发生，也不能证明新生产潜力将会被充分使用。

可能出现的一个疑问是，就今天的世界而言，由于广泛的政府干预，自由放任资本主义制度已经是过去式，上述问题是否仍然有讨论的必要。我仍然坚信，对自由放任资本主义制度动态的探究是有重大意义的，不仅与经济史有关，而且与最近的经济状况有关，因为当前资本主义经济的状况是自由放任趋势和政府干预行为之间混乱交织的衍生物。

不管怎样，这些复杂的现象都不能用前文提到的自由放任经济增长模型来充分描述，因为这些模型忽视了有效需求问题和资源利用问题。政府干预和这些模型之间可能存在某种联系，但更像是心理上的：高水平的就业创造了一种有利氛围，其实现可以不受有效需求问题困扰。

四

如第一节中所指出的，西方经济学提出的增长模型明显与某种理想化的自由放任资本主义经济相关，其隐含的观点是所解决的问题具有普遍性，因而只要稍加修改，结果就与社会主义制度的问题相关。这是完全正确的：实际上当有效需求问题被前文第二种替代方式完全解决时，即价格由计划当局相对工资制定，从而实现资源充分利用（这不只是在长期，甚至是在短期），西方经济学提出的增长模型能够应用于社会主义经济。

尽管如此，出现的困难在于，我们所提到的西方经济学增长模型通常没有集中在扎根于社会主义经济现实中的核心问题。这里我们强调两点。

首先，大多数关于长期经济增长的研究都是基于"比较静态"（comparative statics）阐述的。例如，在一个均匀扩张系统中，什么样的资本产出比可以确保最高实际工资，并保持充分就业，这一问题的实际重要性似乎不大；因为如果最初的资本产出比很小，为实现上述理想，资本存量"重组"就意味着长时期的更高投资，在这一过程的早期阶段实际工资会比不尝试改变资本产出比的情况更为糟糕。这里存在一个典型的"为未来牺牲现在"的情况，我相信这是社会主义经济的首要政治问题。但这类问题的政治决策基础是详尽审视从一条增长曲线转向另一条增长曲线。

其次，本文所探讨的西方模型中，似乎不存在"长期发展瓶颈"问题。当国民收入高速增长时，由于某些组织或技术因素，比如缺乏受过良好训练的人员或者难以适应技术改进（后者在农业中尤为明显），某些产业的扩张滞后于对其产品需求的增长。由此产生的缺口必须通过对外贸易来填补，为维持对外贸易平衡，要么出口必须增加，要么某些进口被国内生产替代。这些措施通常伴随着更高水平的资本和劳动支出，进而显著影响经济增长问题。

短期消费和长期消费以及长期发展瓶颈之间的矛盾，看上去似乎是对外贸易平衡困难，本质上是社会主义经济中现实增长理论的核心问题。

五

正如第三节结尾所表明的，未能充分处理有效需求和资源利用问题的自由放任资本主义经济增长模型，不能被旨在解决上述问题的政府干预效果审视所替代。尽管如此，关于当代资本主义这一关键主题的文献寥寥无几。或许这里存在一种相当反常的劳动分工：政府采取行动以实现较高水平的资源利用，经济学家将这一状态视为他们讨论的出发点，却没有提及谁应对此负责。这一惯例有一个例外：大量的研究被用于"混合"不发达国家的经济发展理论。顺便说一下，此时有效需求不足的问题不会出现，因为尽管劳动力充足，但生产潜力很小，政府投资相对生产潜力较大。结果是，上述情况被刻画为必需品供给稀缺造成通货膨胀压力，而不是有效需求不足，尽管隐蔽的和公开的失业真实存在。

在我看来，此时核心问题是国家的发展以谁为代价。如果必需品（特别是食物）供给稀缺使得通货膨胀压力持续存在，那么广泛的贫困人口承担了高水平投资的负担。要避免这一情况，必需品供给的增长率应与国民收入增长率保持一致。为了给投资留出空间，高收入人群的非必需品消费必须通过适当的财政政策加以限制。这使得"非通货膨胀"增长率依赖于土地状况，因为土地状况在很大程度上决定了农业，进而必需品供给的可行方案。在这种情况下，投资融资的主要部分是通过更快地种植粮食来发挥作用。尽管如此，这必须得到严格意义上财政措施的支持，其目的是限制非必需品消费的增加。

在一个社会主义经济中，此时涉及的是今天储蓄为未来消费的问题。但矛盾不那么尖锐，因为"牺牲"的是富人和富裕阶层的消费。这一可能性好得令人难以置信。事实上，目前大多数国家的土地状况（农民对地主、商人和放贷者的依赖）使得粮食供给仅能缓慢扩张。结果是，国民收入的"非通货膨胀"增长率相当低。但如果这一增长率相当高，通货膨胀压力就会巨大，消费构成也不会发生前文所述的向必需品倾斜的相对转变。

六

现在，我们详细阐述前文讨论过的事实，即对于每一种社会制度，都有相对应的合适的增长理论，这表明国民收入增长率的同一个方程应基于我们所探讨的社会制度以不同的方式加以解释。

某一年度实际国民总产出水平用 Y 表示，年度的增量为 ΔY。后者包括三个部分：总投资的产出效应 $\dfrac{I}{m}$，m 是所谓的资本产出比，I 是总投资（扣除折旧之前）；由于淘汰废弃设备，生产能力缩减的负效应，$-aY$；由于组织改进，更好地利用现有生产能力导致国民收入增加，uY。因此，可以得到：

$$\Delta Y = \frac{I}{m} - aY + uY$$

$$r = \frac{\Delta Y}{Y} = \frac{1}{m}\frac{I}{Y} - a + u$$

其中，r 为国民收入增长率。

在社会主义经济中，所有三个系数 m、a 和 u 都是供给侧决定的：m 和 a 依赖于计划当局关于生产技术的决策（新产出的资本强度和淘汰废弃设备的政策）；u 代表由组织化进程导致的现有设备利用的增长率。

在自由放任资本主义经济中，公式依然是完全正确的，但系数的解释大不相同。现有设备利用程度的变化率 u 依赖于有效需求，在经济周期中它甚至会改变符号。即使我们基于长期视角，如果我们不相信价格的长期灵活性，那么 u 至少在一定程度上仍然由需求侧决定。甚至 m 中也可能有需求因素：诚然，新的最现代化的设备很可能会马力全开，而其他一些设备则利用不足，因为即使在这一情况下有效需求不足也没有被完全排除。

在"混合"经济中，必需品供给的增长率相对国民收入增长率非常低，这需要解释一个不同的问题。系数 m 和 u 与社会主义经济的情况具有相同的含义，但消费在必需品和非必需品之间的分配可能预示着通货膨胀压力，由此导致的收入再分配对高收入群体有利。

这里我们再次看到，某种类型社会制度的增长理论应当反映该制度的关键问题。

"关键改革"审视

（与科瓦里克合著，1971 年）

一

在社会主义文献中，资本主义改革的问题通常被认为是调和为改革而斗争与革命斗争的问题——后者指的是彻底改变社会制度的斗争——以及为实现近期和局部目标进行斗争的问题，从而改革将增强而不是弱化群众运动的革命潜力。

本文探讨上述问题的一个极端形式，这一极端形式似乎没有得到充分研究。试想一下，在不废除现有生产关系的情况下，尽管统治阶级反对，群众的强大压力还是导致制度急剧变革，这为生产力发展打开了一个新的阀门。随后将出现一个矛盾的情况：强加给统治阶级的"关键改革"可能会稳定制度，至少暂时如此。正如下文所指出的，我们必须处理当代资本主义的上述情况。

二

首先要阐明的是，本文审视的问题与伯恩斯坦（Edward Bernstein）的改良主义（reformism）几乎没有共同之处。作为《进化社会主义》（*Evolutionary Socialism*）的作者，伯恩斯坦基于他自己对某些新的经济和社会现象的片面解释，认为自发的经济发展和渐进的社会改革会使成熟的资本主义社会转变为社会主义社会。政党应该有勇气公开承认自己是一个社会改革党，而不是一个革命党。

从经济学的视角来看，伯恩斯坦犯了两个主要错误。首先，最重要的是，伯恩斯坦没有意识到资本主义制度中生产和实现之间的矛盾，他将生产过剩危机归结为特定生产部门发展的不平衡。这是为什么伯恩斯坦相信卡特尔和托拉斯以及信贷机构在社会层面可以消除生产的无政府状态。其次，伯恩斯坦从工会和消费合作社对资本主义利润的有限影响中得出了过于深远的结论。伯恩斯坦不仅否定了当时社会主义文献中出现的"绝对贫困"理论（毫无疑问他是正确的），而且他认为在上述组织的压力下，利润会逐渐转变为管理人员薪酬。上述分析表明，伯恩斯坦没有理解资本主义经济的两个基本问题：通过提高货币工资使利润转变为管理人员薪酬是极不可能的（考虑到价格上升的影响）；"纯"利润消失会导致经济停滞，因为未分配的企业利润是投资决策的主要动机之一。

三

从本文提出问题的视角来看，伯恩斯坦的两个对手希法亭（Rudolf Hilferding）和卢森堡（Rosa Luxemburg），他们的观点值得仔细关注。

希法亭的观点似乎与伯恩斯坦的观点相差不大。希法亭同样将危机归因于各个生产部门不成比例的发展。希法亭认可通过"组织"资本主义来消除危机的可能性。从这一点来看，伯恩斯坦的观点与其批评者的观点有着本质上的区别。《金融资本》（*Finance Capital*）的作者（即希法亭）认为："计划生产和无政府生产不是数量上的对立，因而通过增加越来越多的'计划'，有意识的组织将从无政府状态中出现……期望从个别卡特尔中消除危机，只是表明对危机的原因和资本主义制度的结构缺乏洞察力。"无政府状态和经济危机只能通过"总卡特尔"（general cartel）消除，在"总卡特尔"中生产会被一个中央机构有意识地控制，价格只是总产出分配的一种正式工具。

此外，希法亭相信，从分散的卡特尔和托拉斯到"总卡特尔"的转变会是一种"只有通过整体生产服从于有意识的控制才能突然发生"的转变。或许这是第一次在学说史上看到与本文提出的"关键改革"概念相类似的观点，这一观点没有得到充分解释，而且我们不知道在希法亭看来群众压力是否会起作用，至少是间接地。

在提出"总卡特尔"愿景时，希法亭强调他不相信与这一愿景相对应制度的稳定性。尽管"总卡特尔"会解决资本主义的基本经济矛盾，但希法亭认为这一制度会因社会和政治原因而崩溃，"因为它会不可避免地因利益冲突而陷入困境，它会加剧到一个极端程度"。不幸的是，希法亭笼统性地陈述了上述观点，因而很难判断其价值所在。另外，有趣的是，希法亭分析了帝国主义列强之间的国际矛盾，以及导致国家"总卡特尔"之间军事冲突的趋势。在这些国际冲突中，希法亭看到了社会主义革命的前景，因为这些卡特尔内部存在尖锐的阶级对立。

在波兰社会学家克什维茨基（Ludwik Krzywicki）的作品《理想与实践》（*Idea and Practice*）中，他注意到了对"产业封建主义"的强烈倾向，我们发现了对希法亭"总卡特尔"愿景的某种预期。这是一种"国家不动产"（nation-estate）的愿景——一种包含整个国家的封建不动产——一个由金融寡头统治的等级社会结构。克什维茨基将这一愿景与同时发生的社会大规模融合相联系，包括工人阶级在内，后者会从这一"不动产"中获得某些物质利益。这是为什么克什维茨基认为产业封建主义具有相当大的稳定性，甚至明显将之视为对最终社会主义替代方案的威胁。

四

卢森堡的观点与希法亭的观点有本质上的不同。在卢森堡看来，资本主义的基本矛盾不是个别产业部门发展的不平衡，而是生产与市场的分离。在分析生产力发展与生产关系之间分歧时，卢森堡认为主要问题是积累剩余的实现问题。卢森堡站在一个极端立场，认为剩余实现的必要条件是在资本主义制度之外存在出口。这一因素，直到整个世界都是资本主义的时候耗尽了自身，会在资本主义制度内部进一步发展。尽管这一观点被夸大，但强调外部市场在资本主义发展中的作用是非常重要的，而且对于本文审视的问题也是如此。这一资本主义矛盾解决方法的一个合乎逻辑的结果是卢森堡的正确结论，即资本主义新组织形式（卡特尔和托拉斯）的发展不会缩减潜在产出和销售可能性之间的差距，甚至可能会加大这一差距。

因此，到目前为止，上述观点和希法亭的观点并不一致。但我们将看到，在卢森堡的经济理论中有一个她没有强调的部分，在某种意义上这一部分与希法亭的理论是类似的。卢森堡对"非资本主义市场"的理解还包括政府采购市场，尤其是军备采购市场。今天我们知道，如果军备融资不会减少工人的消费（如通过贷款或资本家税收），那么它们将有助于积累利润的实现。（首先，利润是通过出售由资本家根据政府对他们的债务而占有的剩余商品实现的；其次，这些"额外"利润通过税收被抽走。）

尽管希法亭和卢森堡的方法有所不同，但他们关于如下一点的思考是相似的。如果规模足够大，这些政府购买至少在原则上可以消除潜在产出和市场容量之间的差距。系统性地实施上述措施会导致一个企业和托拉斯体系的形成，在这一体系中资本设备和劳动的"就业率"会很高。在上述领域，政府干预主义体系将取代"总卡特尔"概念中隐含的中央计划制度。

和希法亭一样，卢森堡将社会主义革命（或者更准确地说，革命）的前景与预期的帝国主义战争紧密联系。随着非资本主义环境收缩，商品市场竞争加剧，与未实现积累相对应的商品需要被出售，这代表了始终存在的军事冲突种子。有助于剩余实现的军备也助长了战争。后者最终导致了推翻资本主义制度的革命。社会主义革命同帝国主义战争的联系，也是列宁战略和革命理论的精髓。

五

这些关于资本主义制度演变及其最终崩溃前景的思想出现在 1914 年之前，正如人们机敏地观察到的那样，19 世纪终于结束了。第二次世界大战爆发至今的半个世纪并没有完全证实我们在第三节和第四节提出的任何预测和假说。尽管如此，在这个时代的社会和经济史中，我们发现许多事件和趋势部分地验证了上述预测。

第二次世界大战爆发的背景是争夺市场，争夺新的世界划分。为战争需要而运作的国民经济，特别是在德国，受到了一定控制。但在直接为战争需要运作的部门之外，更大规模的中央生产计划没有出现。这种计划和中央组织在意义深远且需要注重细节的基本消费品配给中表现得更为强烈。

1917 年爆发了一系列大规模的革命起义。只有发生在落后国家且土地问题尚未解决、民族解放冲突严重的俄国革命是成功的。发达工业国家保留了未经改革的垄断资本主义制度。除了 8 个小时工作日和许多国家工人阶级获得的各种社会保险之外，在 20 世纪 20 年代资本主义的运行方式与战前大致相同。

转折点是 1929～1933 年的危机，这一危机动摇了资本主义制度的基础。1929～1933 年的失败与当时发展非常高速的苏联经济形成了鲜明对比。资本主义的"关键"改革时期开始了，特别是在受危机影响最严重的两个主要资本主义国家，德国和美国。在大资产阶级最初相当强烈的反对下，资本主义政府开始着手保护其制度基础免受大规模失业的威胁。最典型的是，这一改进资本主义经济的方案并不包括计划控制，而是通过政府干预以填补需求不足的缺口，并组织额外就业。在纳粹德国，刺激经济复苏从一开始就是军事性质的。

可以说，在第二次世界大战期间，欧洲资本主义国家经济体在很大程度上采取了中央控制资本主义的形式。这场战争的总体性质，主要源于当时的军事技术，是造成上述形式的主要原因。随着战争的结束和短暂的经济复苏，资本主义经济的中央控制大大弱化。相反，形成的是一个由大公司构成的资本主义制度，并辅以政府购买保障的市场，这使得积累利润得以实现。与两次世界大战期间相比，政府支出占商品和服务总需求的份额大大增加。除此之外，在一些欧洲资本主义国家，政府通过国有化产业来影响经济。在其中一些国家，通过补贴、税收差异和信贷政策，政府增加了对生产部门和区域结构的干预。

第二次世界大战加速了"关键"改革进程。政府干预市场扩张成为一种制度，使得将失业率限制在几个百分点范围内成为可能，并在实践中接受了类似于 1848 年革命提出的"工作权"口号（在一些主要资本主义国家甚至有类似的立法）。上述状况（以及社会保障的大幅扩展）导致了工人阶级的某种转变，总体而言，他们对待资本主义的态度转变为激进的改良主义者。在主要资本主义国家，保持高就业率通常给予工人一个令人满意的实际收入水平。在高且稳定的就业水平下，至少在长期内，实际工资会随着劳动生产率提高而增加，除非实际工资占国民收入份额的下降抵消了这一影响。结果是，反资本主义态度被大大弱化。

在一些国家，"墨守成规"的工人甚至不再为削减军备而斗争（因为他们意识到高水平的就业依赖于武器生产）。另外，至少在一段时期的"新资本主义"之后，工人对遵守上述"游戏规则"（以及他们收入占国民收入份额的问题）变得非常敏感。因此，如果出于任何原因违反了这些规则，反应有时就会非常激烈，也会表现为被压抑的阶级仇恨。

当代资本主义通常被称为"受控制的"。甚至有时会提到资本主义中央计划的发展。这似乎是错误的。事实上，国家是由大财团的联合企业统治的，而且政府确保了相对较高水平的资本设备和劳动的"就业"，上述事实很难意味着存在（我们观点中的）中央计划。政府通过

预算操纵（政府购买和税收政策）进行干预可以是各种多样的，随着时间推移，其模式至少暂时取决于通过微不足道的失业来削弱工人阶级地位的意愿，政府干预的方向主要取决于不同资本家集团之间的斗争。尽管如此，政府行为通常是补充性的，填补需求不足或组织额外就业以实现积累利润。另外，在中央计划社会主义制度中，确保足够的购买力是计划的一个组成部分。在计划决定了国民收入在投资和消费之间的分配之后，消费品价格与工资的比率被确立，进而创造出与计划供给相等的商品需求。

希法亭的"总卡特尔"会以一种根本不同于政府干预的方式运作。与卢森堡的"额外"市场理论相比，希法亭的方法在资源使用方面具有类似的结果，但在就业水平方面则不然。就"总卡特尔"而言，应该强调的是，在美国已经出现了一个巨大的军事工业复合体，现在与太空探索相结合，对整体的社会和经济关系产生了巨大影响，这与希法亭的概念有些相似之处。

六

第二次世界大战之后，出现了一批借鉴社会主义国家工业化经验的发展中国家。这些国家虽然心甘情愿地称自己为社会主义国家，但绝不能被视为社会主义国家。这些国家都是由于上一次世界大战而获得独立的前殖民地，其发展基础是所谓的混合经济。在这些国家，政府通常在重工业、交通运输业和银行业发挥重要作用，特别是在新的生产性投资方面。这些国家进行的土地改革，通常在最初设想上要比在执行上更为激进。这些国家是"中间政权"（intermediate regimes），其核心是政府部门，社会基础是中下层阶级和富农。除此之外，还有一些反对这一制度的群体：一方面，封建主义残余、外国资本、较大的地方私人资本；另一方面，小农和无地农民、小手工业者、受雇于小商店的工人，以及许多没有永久就业机会的郊区人口群体。虽然这些国家制定了大胆的发

展计划，但执行起来通常远远达不到目标。可以笼统地说，这些国家同样经历了一次"关键改革"，尽管采取了不同的形式，而且与"新资本主义"国家相比，它们的稳定性要差得多。

七

第二次世界大战的另一个结果是社会主义制度在许多新国家的传播，这些国家通常不是工业化国家。从国际形势的角度来看，第二次世界大战最重要的结果是出现了两个强权：一个是发达资本主义国家阵营，一个是社会主义国家阵营。西方国家在军事上依赖美国。"新资本主义"国家间的共同关系主要是由这些国家与社会主义集团国家之间的对立决定的。考虑到强大的经济联系（跨国公司的存在，尤其是美国和欧洲共同市场），今天资本主义制度内部的军事冲突是极不可能的。就资本主义制度而言，这会和最终大萧条的重演一样危险。"新资本主义"国家的武器正在被储备，主要是为了与苏联和其他社会主义国家的抗争。随着人们越来越意识到"阵营间"的战争会导致使用非常规武器，进而相互毁灭，此时武器是力量的展示。宇宙飞船在很大程度上具有相同的性质。它们的目的是证明技术和军事效率。

这一状况在社会主义国家提出的和平共处学说中找到理论表达。上述学说基于两个支柱："新资本主义"国家正在经历的某些社会反抗，在目前或在不久的将来并不会对它们的存在构成威胁；一场热核"阵营间"的战争会导致双方的毁灭。

的确，多年来的经验表明，现在正在进行的战争同所谓第三世界的事务有关。最典型的就是美国对越南的惩罚性远征，其目的是在远东获得势力范围，或许更重要的是提供一个阻止农民起义的例证（同时这次远征也是经济周期中美国各种资本利益集团就干预方向斗争的结果）。这种类型的战争不会引发资本主义发达国家内部的革命，因为它不是全局性的。

结论必然是，由帝国主义战争引发的社会主义革命理论在今天很大程度上是历史的遗产（第三世界除外）。考茨基（Karl Kautsky）关于资本主义国家"超帝国主义"合作的著名假说，在当时是乌托邦的和和平主义的，现在这一观点（且仅限这一点）要比希法亭和卢森堡反对这一假说的观点更为接近现实。

八

本文更多的是试图理解当前情况（及其在不久将来的可能发展），而不是希望给出一个长期预测。改革后资本主义的相对稳定依赖于高度的社会一致性。人们可以谨慎地认为，最近的学生运动①似乎是资产阶级权力机构操纵新一代能力减弱的征兆，新一代开始步入历史舞台。随着科学技术的快速发展，上述现象变得更加严重，因为作为一个社会群体，知识分子开始发挥更大的作用。就当下而言，正如我们此前所指出的，在某些情况下学生运动加剧了工人阶级反对违反"游戏规则"的抗议活动，并扩大了呼吁大规模异议口号的吸引力。

---

① 指 20 世纪 60 年代西方资本主义国家发生的学生运动。

图书在版编目（CIP）数据

卡莱斯基经济动态理论／（波）米哈尔·卡莱斯基
（Michal Kalecki）著；杨扬译. -- 北京：社会科学文
献出版社，2024.7
　　书名原文：Selected Essays on the Dynamics of
the Capitalist Economy 1933 - 1970
　　ISBN 978 - 7 - 5228 - 3176 - 3

　　Ⅰ.①卡…　Ⅱ.①卡…②杨…　Ⅲ.①卡莱茨基（
Kalecki，Michal 1899 - 1970）- 经济思想 - 文集　Ⅳ.
①F095.135.34 - 53

中国国家版本馆 CIP 数据核字（2024）第 023699 号

卡莱斯基经济动态理论

著　　者／〔波〕米哈尔·卡莱斯基（Michal Kalecki）
译　　者／杨　扬

出 版 人／冀祥德
责任编辑／田　康
责任印制／王京美

出　　版／社会科学文献出版社·经济与管理分社（010）59367226
　　　　　地址：北京市北三环中路甲 29 号院华龙大厦　邮编：100029
　　　　　网址：www.ssap.com.cn
发　　行／社会科学文献出版社（010）59367028
印　　装／三河市尚艺印装有限公司

规　　格／开本：787mm × 1092mm　1/16
　　　　　印张：15.75　字数：220 千字
版　　次／2024 年 7 月第 1 版　2024 年 7 月第 1 次印刷
书　　号／ISBN 978 - 7 - 5228 - 3176 - 3
定　　价／98.00 元

读者服务电话：4008918866